林则徐家风

福州市林则徐纪念馆 编著

海峡出版发行集团
THE STRAITS PUBLISHING & DISTRIBUTING GROUP
海峡书局

图书在版编目（CIP）数据

林则徐家风/福州市林则徐纪念馆编著. —福州：海峡书局，2018.12（2024.7 重印）
ISBN 978-7-5567-0583-2

Ⅰ.①林… Ⅱ.①福… Ⅲ.①林则徐（1785-1850）-生平事迹 Ⅳ.①K827=52

中国版本图书馆 CIP 数据核字（2018）第 303225 号

责任编辑　曾令疆
封面设计　陈小玲

林则徐家风

LINZEXU JIAFENG

编　　著　福州市林则徐纪念馆
出版发行　海峡书局
地　　址　福州市台江区白马中路 15 号
印　　刷　三河市兴博印务有限公司
厂　　址　河北省三河市杨庄镇大窝头村西
开　　本　787 毫米×1092 毫米　1/16
印　　张　9.25
字　　数　85 千字　　插图　124 幅
版　　次　2018 年 12 月第 1 版
印　　次　2024 年 7 月第 3 次印刷
书　　号　ISBN 978-7-5567-0583-2
定　　价　72.00 元

前言

林则徐，中国近代杰出的政治家、思想家，中华民族英雄、世界禁毒先驱。他身上集中体现了中华民族的诸多优秀品质：他忠诚仁孝，“上筹国计下恤民生”；他睿智果敢，以铮铮铁骨与侵略者相对抗；他积极进取，放眼世界，锐意改革；他清廉自律，身处贪腐官场却未沾染官场陋习；他豁达淡泊，荣宠谪罚皆坦然。他一身傲骨如梅之坚韧，两袖清风如鹤之高洁，他的气度涵养、胸襟魄力，无不诠释着“淡泊、仁爱、勤勉”的家风传承。

家庭是人生的第一课堂，是社会的基本细胞，是传承中华传统美德的最初场所。家风是一个家庭或家族世代相传的伦理理念、价值准则与行事方式，良好家风蕴含在点滴小事、言谈举止、待人接物中，是对子孙立身处世、持家治业、为官理政的教诲。正是林氏一脉相承的梅鹤家风，奠定了林则徐的人生观和价值观；正是父母的谆谆教导、身体力行，培育出忧国忧民、抵御外侮、兴利除弊、刚正不阿的一代伟人；正是淡泊不求名利，勤俭不慕奢华，仁爱温馨的家庭，孕育出“保民如赤子，为政若真书”的清官廉吏。“苟利国家生死以，岂因祸福避趋之”，林则徐始终怀着一颗赤子之心践行其人生最初的梦想。

以身教者从。林则徐以自己的实际行动延续梅鹤家风，他希望子孙能在磨难中锻炼意志、快速成长，他以自己深厚的学识修养、丰富的人生阅历及从政经验引导子女，将对子女的浓浓之爱、殷殷之情，付诸笔墨之端，流淌于言语之中，镌刻于家风传承之际。

家风家训是中华传统文化的重要组成部分，也是中华传统文化一脉相承的基础，是中华民族最深沉的精神追求，是中华文明绵延五千年而长盛不衰的精神源泉。良好家风是传家宝，是祖祖辈辈对后代的希望、对后代的鞭策；良好家风是导向标，为我们扬帆起航指明方向；良好家风是国家发展、民族进步、社会和谐的“基石”，是共圆“中国梦”的精神力量。我们借以此书让更多的人了解伟人事迹，感受伟人家风，感悟伟人精神，引领崇德向善、奋发向上的时代风尚，希望更多的人能研习之，践行之，传承之。

编　者

2019 年 2 月

林则徐（1785—1850），字少穆，福建侯官人（今福建福州人），晚号竢邨老人，谥“文忠”。

林则徐4岁入塾读书，14岁中秀才，27岁中进士，历任江西乡试副考官、云南乡试正考官、江南道监察御史、浙江杭嘉湖道、江南淮海道、江苏按察使、陕西按察使、江宁布政使、湖北布政使、河南布政使、东河河道总督、江苏巡抚、湖广总督、两江总督、两广总督、陕甘总督（署理）、陕西巡抚、云贵总督等职，两任钦差大臣。病逝后晋赠太子太傅衔。

林则徐历官十四省，所至都能竭尽心力，劳绩卓著，政声在民，享誉宇内，是中华民族有代表性的历史人物。他公正清廉、亲民恤民、勤政务实的为官作风与其勤俭、仁爱、淡泊家风一脉相通，他恪守父辈家风，并将“经世致用”及君子务求远大理念融入家风，言传身教，引导子女，谨守“清廉为公”底线，终成安社稷、保民生的一代能臣。其自身也正因清廉自律，慎守儒风，才能在三十多年的宦海浮沉中处浊世而自清，宠辱而不惊，成为“爱民如赤子，为政若真书”的清官廉吏。

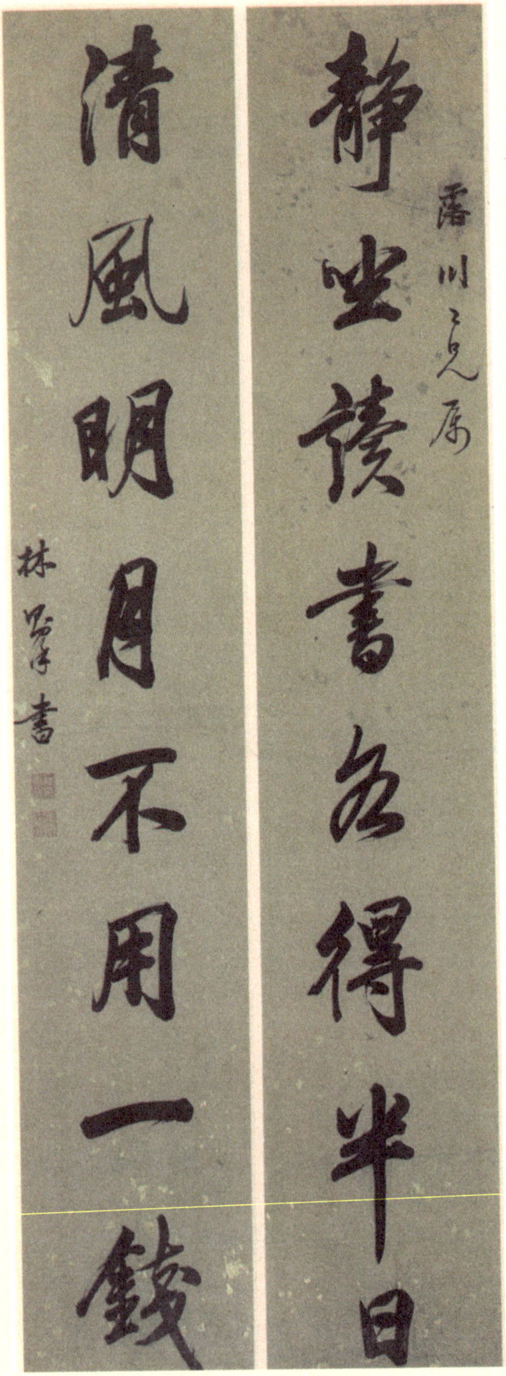

林则徐对联

目录

一、勤勉仁爱育栋梁

“家少楼台无地起，案余灯火有天知”是林则徐早年生活读书的自况。即便是在“破屋三椽”的环境中，林则徐仍然抱着“修身、齐家、治国、平天下”的宏愿，在浩瀚典籍中汲取治国安邦之策。贫困的生活磨炼了他的意志；乐观融洽的家庭氛围养成了他仁爱、豁达的性格；父母的温情陪伴及循循善诱的教学方式，培养了他积极向上、勤奋好学的品质；百年书院的学风熏陶，师长的谆谆教诲，友朋间的相互研讨，砥砺了他的学识；初涉社会的历练，丰富了他的人生阅历，青葱时期的林则徐早已立志以经世之学匡时济世。

1. 家庭启蒙　志节清高

林则徐（1785—1850），字少穆，福建侯官人（今福州人），出生于下层读书人家庭。据现有资料可知，林则徐祖上三代均无科名，其曾祖母曾于乾隆二十三年（1758）“将祖遗田宅匀作五股，均分五男”。林则徐祖父林正澄分得“稻谷三十挑，住屋数间，

林则徐印

另有书田十担”。祖父虽分得薄产，且又游学山东、河南等省，以教读谋生，但因生有五男“都无生业，家口浩繁”，仍入不敷出，家境日渐拮据，不时靠借外债维持生计，即便之后林则徐父亲林宾日外出教书补贴家用，收入仍不足以偿还债务。后终因“外欠颇多，利息重积”而不得不将住房售卖以偿债务。

因早年生活不继，父亲林宾日（原名天翰，字孟养，号旸谷，1749—1827），13岁始赴塾读书，曾因“未晓文义，同塾生或笑之”，但他愈自激励，在科举入仕的道路上苦心奋斗，希望金榜题名，跻身朝堂之上。后因眼疾，未终科考，未能达此愿望，从此“孜孜于教诲子弟，成就后学之事”，将科举取仕的希望寄托于下一代。林则徐母亲陈帙（1759—1824），闽中宿儒陈圣灵的第五女，通晓大义，勤于女红，其“善剪采为草木之花，大者成树，其小至于一茎一

林则徐出生地（罗氏试馆）

叶，皆濯濯有生意”，常以针黹佐家计。据林则徐回忆：

一灯在壁图

每际天寒夜永，破屋三椽，朔风怒号，一灯在壁，长幼以次列坐，诵读于斯，女红于斯，肤栗手皲，恒至漏尽。

林宾日的《阄书》中记道：

……余教读营生，汗积两年，娶妻陈氏，生男两人：长则徐，次霈霖，女八人。又积两年，典得左营司小屋一座，以为遮头之所。外作业馆舌耕，两男受学；内作女红之所，女子帮助，半饥半寒，将就度日……

林则徐就是在这样一个“家无一尺之地，半亩之田”“累传皆儒业”，虽清苦却也其乐融融的家庭中成长。据林家相传，林家平素节俭，每年只有到除夕之夜，挂在壁上的油灯才点燃两根灯芯，以增添节日的气氛。即便生活如此困苦，为了读书，林家“每典衣以购之”，这些都不曾让林宾日放弃培养林则徐的念头，面对他人劝说让林则徐改业，林宾日“惟笑不应”，以“不激不厉，循循善诱”之法教导林则徐。在封建社会，读书人想要有出路，无非是“学优登仕”，从科举正途进入朝堂。因为科考失利，具有读书仕进观念的林宾日自然将“读书显扬”的希望寄托在两个孩子身上。勤奋舌耕，漏夜女红，这个家庭都不忘培养子弟，孕育未来的希望。

林则徐 4 岁那年，林宾日在“罗氏试馆”担任塾师，每日带林则徐到私塾，抱在膝上，“自之无以至章句，皆口授之”。7岁，便教他作文。当时有人认为太早，林宾日答曰：“非欲速也，此儿性灵，时有发现处，不引之则其机反窒，此教术之因材而施者耳。”可见林宾日能及时发现林则徐的天赋，并适时引导启蒙，因材施教激发其学习兴趣。他的教学内容大概是传统文化知识，但其独特的教育方法，却让林则徐每每提起仍然记忆犹新，据林则徐在《先考行状》中回忆：

> 不孝则徐四龄入塾，至二十举于乡，无一日离膝下，府君讲授书史，必示以身体力行、近理著己之道，罕譬曲喻，务使领悟而后已，然未尝加之笞挞，即呵斥亦绝少，其慈爱和平率类此。

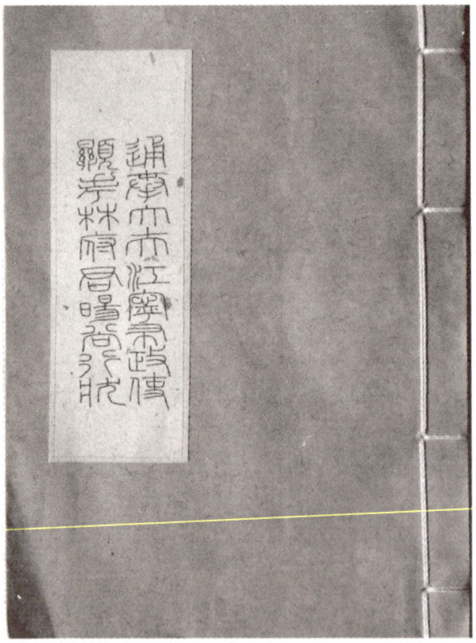

林则徐《先考行状》

可见，林宾日在教导林则徐时，对于繁杂难解之文，总是反复讲解示范，务求孩子完全领悟为止，从不压抑孩子的天性，从不呵斥体罚，让孩子在相对宽松、自由的学习氛围中享受读书的乐趣。正是得益

林宾日印

于林宾日的因势利导，林则徐很快就从众学子中脱颖而出，12 岁选为佾生，14 岁中秀才。他参加县试的文章《仁亲以为宝》中，借晋献公父子关系，反复阐述了君臣、父子的伦常关系，其中“表里山河，天下有失而复得之国；墓门拱木，自古无死而复生之亲”及“君臣之合本人为，自古原无独私之国；父子之情本天性，天下更无可代之心”等语曾传诵一时，梁章钜《制义丛话》回忆并收录了这篇文章的精彩段落。

林宾日对儿子林霈霖的教育一如林则徐。他对儿子的教育，不只重视学业的教导，还注重品行的培养。他不仅关心爱护亲人、族人，对贫苦陌生人亦是热心救助，这种乐善好施的品质对林则徐的成长，起着潜移默化的“身教”作用，对林则徐为官后，以百姓为先的“民本”思想有着重要影响。据《先考行状》记载：

府君笃于天伦，事诸兄惟谨。伯父芝岩君讳文藻，侯官学生，先未有子，府君初举一子曰鸣鹤，实先则徐生，芝岩君欲之，即嗣焉，不数月殇。芝岩君之卒也，自殓至葬，皆府君任之。抚从子逢吉若己子，携往将乐书院教之读书，月赡其家，既又为之谋衣食之地，至今如一日。……次伯父孟昂君，性伉直，颇使酒，赖府君巽言以解。中年贫不聊生，府君时时典敝衣、鬻文字给

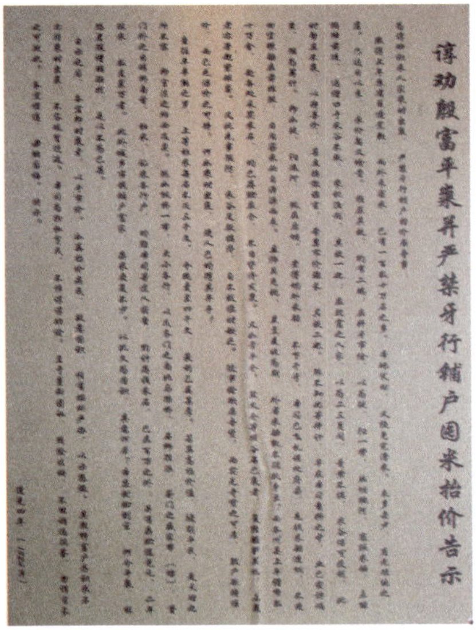
谆劝殷富平粜并严禁牙行铺户囤米抬价告示

《谆劝殷富平粜并严禁牙行铺户囤米抬价告示》

之。……三伯父孟典君，目疾甚于府君，府君常扶掖之，衣食之，且为嗣续之，殁则丧之葬之。……生平尚风气，重然诺，视人之急犹己，家虽至贫，而三党疾病死葬，靡不竭力解推，忘乎其为屡空也。

字里行间可见林家兄弟之间的深厚感情。林宾日对三位兄长不但照顾有加，对其子侄亦是亲厚，对家族中需救助之人，更是重守承诺，倾力相助，故乡党中有争论者，只要林宾日出面相劝必能化解。

林宾日虽自身穷困，但每遇需帮助之人，仍不遗余力倾囊相助。在他初往将乐讲学途中，正遇建溪水患，眼见许多浮尸漂浮于船侧，心生恻隐，出资埋葬，银两不足时不惜典当自己的衣物，也要使罹难者有安息之地。林则徐受其影响，即便晚年遭逢妻子病故，倍感悲痛之时，在给女婿刘齐衔的信中，除了叮嘱其安排妥当家中事务，还交代“福州本家至亲仍不能不帮助”，希望刘齐衔“代为开发，明妥交付”，且提醒“各家年下皆急急等待，勿迟为妙也”。可见林则徐时时牵挂乡中族亲，事事交代妥帖，照顾周全。

林则徐为官后，便有俸禄寄回供养，但林宾日仍粗茶淡饭，勤俭度日，将积蓄用于接济穷人，并时常教导林则徐应为官恤民，多体谅百姓艰辛。如1823年，林则徐升任江苏按察使，正遇上江苏大雨成灾，松江一带饥民闹事，林则徐深感忧虑，此时身处家乡的林宾日书信遥寄救灾良策：

> 今之救荒第一策，在招致客米，米多则价自平，不可强抑也；次则劝平粜、禁囤积；次则清查贫户，按图贴榜，使不得隐匿更改；次则官赈之外，分劝各图赈其邻里；次则漂流尸棺、暴露饿殍速宜殓埋；次则收畜牛只，以备来岁春耕；次则捐设医局，以防灾后大疫。

父亲的提示对林则徐不无启发，他拟定“劝募招商、免税缓征、当牛保耕、设医防疫”的救灾良策，同时发出《劝谕捐赈告示》《禁止贫民借荒滋扰告示》《谆劝殷富平粜并严禁牙行铺户囤米抬价告示》，一方面劝阻商户不得囤米，以平市价；劝说绅士捐献银粮，以解米粮不足之困；另一方面告诫灾民不可借荒聚众闹事，妨碍社会秩序。正是父亲的良策及林则徐的果断决策，缓解了矛盾，维护了社会安定，使百姓度

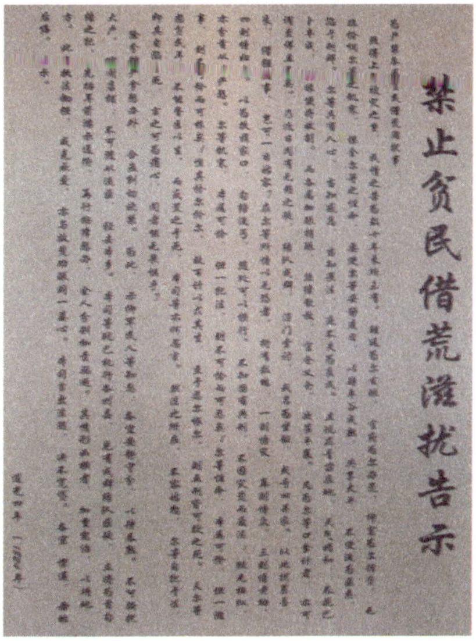
禁止贫民借荒滋扰告示

《禁止贫民借荒滋扰告示》

臣林则徐字少穆印

过了灾荒。

其实，林则徐为官后，即想将双亲接到身旁奉养，但林宾日已习惯家中悠闲恬淡生活，不愿远行，提醒林则徐为官应以国事为重，不必挂念家中双亲。不能迎养的遗憾成了林则徐心中常思之事。嘉庆二十五年（1820），林则徐任浙江杭嘉湖道。初为地方官，林则徐即以“保民治乱”为己任，他发布观风告示，考察士子能力，积极选拔人才；亲赴实地勘察海塘，督促重修；大禁花赌，对包庇之吏胥严惩严办。道光元年（1821），林则徐突然接到父亲病重的消息，心急如焚，即辞官回籍。林则徐到家后，汤药亲承，多方调理，细心照顾，父亲的病慢慢好转。之后，林则徐考虑到父母年纪渐大，如离乡从仕，家中仅有一弱弟侍奉，心中实不放心，心中思虑再三而不得果，父亲林宾日知晓后，即言：

> 余与汝母精神尚健，汝年未四十，荷蒙国恩，任以监司，正当力图报效，不宜早退。

在父亲林宾日的劝导之下，林则徐于道光二十二年（1822）入京，随后奉命“仍发原省以道员用”。

道光四年（1824），林则徐得知母亲病逝，即回乡守孝。在此期间，闽浙总督赵慎畛倡举恤嫠，立“敬节堂”以救济城内嫠妇。林宾日积极响应，集资相助。林则徐在父亲的影响下，与其他闽县名士共同参与救助事宜，撰写《敬节堂章程并叙》,《章程》制定详尽条款,明确周济对象及管理办法,以确保周恤工作的长久运转。这是林则徐“老吾老以及人之老”推己及人的一次实践。

不久,洪泽湖高家堰等处决口,清廷命林则徐赴南河督工。此时,林则徐一面沉浸于丧母伤痛中,一面又牵挂国家危难与灾民困境。犹豫之际,林宾日开导道:

> 三年之丧,定制不得服官者,谓夫章服之荣、俸养之厚,皆人子之心所不安,而情所不顺,故曰夺情。若国家有急切劳苦之事,责以致力,非若任官授职有利禄之可图,此而不往,则是畏难诡避,不得为忠,即安得为孝?但以素服往,自合于古人墨绖从事之义,心迹不已较然矣乎?

林则徐素服督工图

父亲的一席话让林则徐放下包袱，明白了忠孝的关系，他身着素服，离家北上，投入到治水工程中。林则徐到工地后即尽心投入，沿岸逐段验勘，即便雨天也素服徒步于泥泞中查看。虽“所司只系督催，并未经手工程”，但林则徐不避嫌怨，亲力亲为，疲惫过度以致疟疾发作，待他负责的南段十三堡完工后，才回籍守孝治病。在病中，他还与江苏布政使贺长龄等商讨筹办海运及解决漕运困境对策，代两江总督魏元煜起草复奏《筹议漕河全局折》。林则徐为官后，父亲林宾日多次提醒儿子应事事以国事为先，以百姓为先，在父亲的教诲引导下，林则徐已将“小孝于家”化为“大孝于国”，将对父母之爱升华为对百姓、对国家的大爱。

林家虽承受着沉重的生活压力，家庭气氛却极其融洽欢乐，这在很大程度上得益于林宾日恬淡处世的作风及母亲陈帙的勤俭维持。林宾日敬佩远祖宋朝隐士林逋飘逸孤高的风骨，欣赏鹤之高洁，曾仿效林逋“梅妻鹤子”的故事，在家里养鹤陶冶性情，营造温馨和睦的家庭氛围。他还将全家人赏鹤、逗鹤的情景绘成《饲鹤图》：画面中的两只鹤，一只冲天飞翔，一只侍立在旁，此画隐喻林宾日对林则徐充满了无限的期许，也衬托出林宾日恬淡处世的心境。而后林则徐外任时，多次迎养，他都坚辞不去，且在家信中留诗云“江湖远涉烦舟楫，菽水长留胜鼎钟”，反映了林宾日恬然寡欲的思想。

林母陈帙无论是最初“家无立锥”“贫窭之状，有非恒

林则徐江苏兴办水利工程示意图

狄宽德　编绘

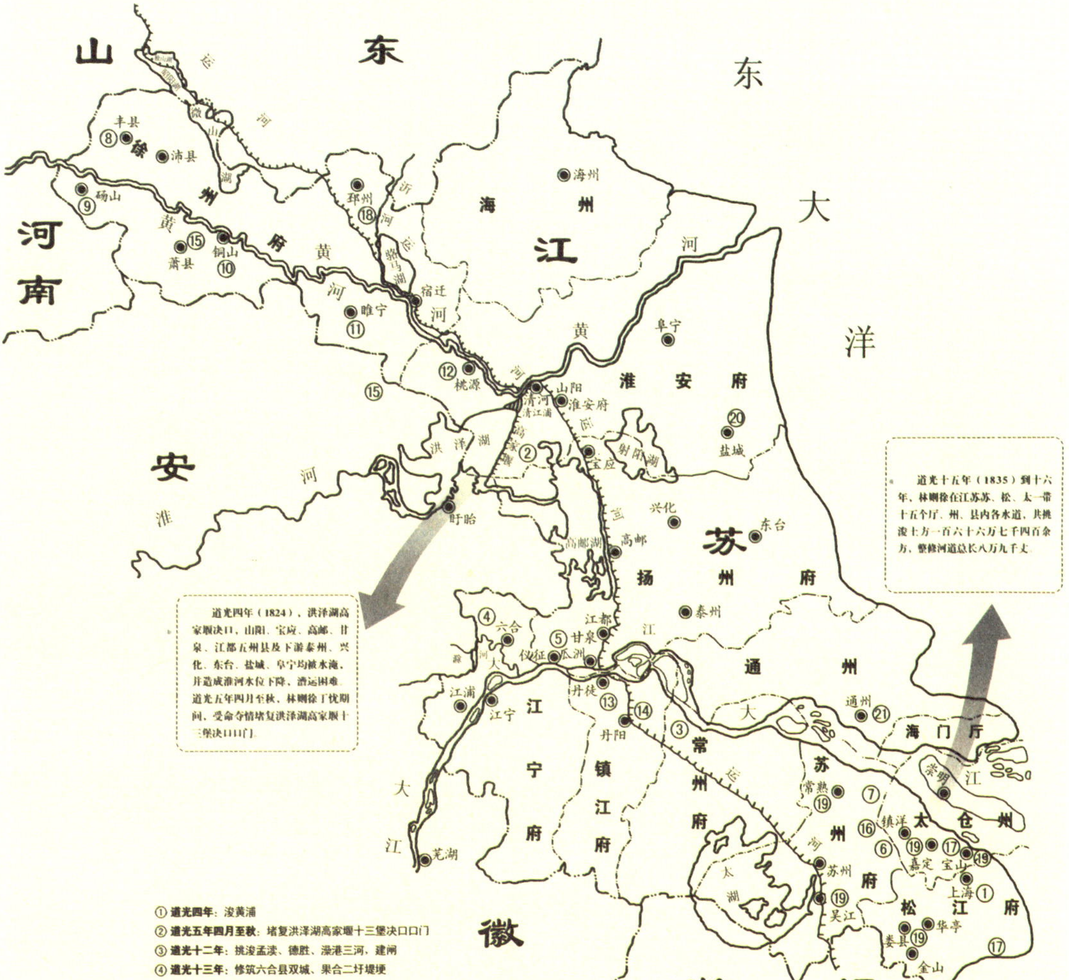

① **道光四年**：浚黄浦

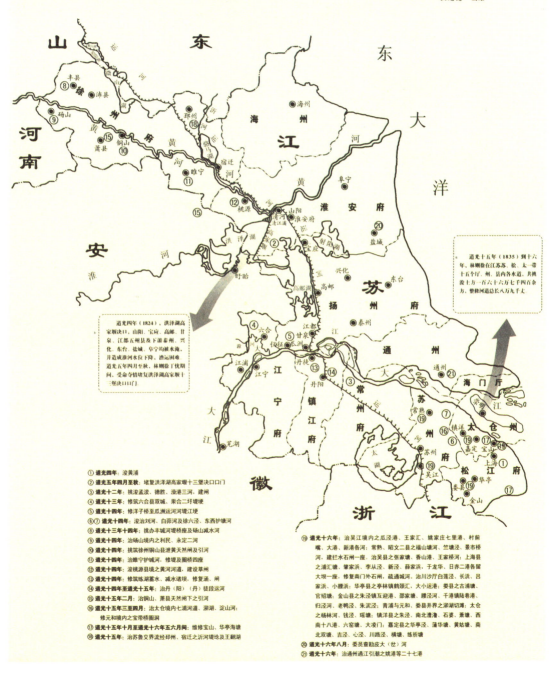

② **道光五年四月至秋**：堵复洪泽湖高家堰十三堡决口口门

③ **道光十二年**：挑浚孟渎、德胜、澡港三河，建闸

④ **道光十三年**：修筑六合县双城、果合二圩堤埂

⑤ **道光十四年**：修洋子桥至瓜洲运河河堤江埂

⑥⑦ **道光十四年**：浚治刘河、白茆河及徐六泾、东西护塘河

⑧ **道光十三年十四年**：挑办丰城河堤桥座及砀山减水河

⑨ **道光十四年**：治砀山境内之利民、永定二河

⑩ **道光十四年**：挑筑徐州铜山县泄黄天然闸及引河

⑪ **道光十四年**：治睢宁护城河，修堤及圈桥四座

⑫ **道光十四年**：浚桃源县境之黄河河道，建设草闸

⑬ **道光十四年**：修筑练湖蓄水、减水诸坝，修复涵、闸

⑭ **道光十四年至道光十五年**：治丹（阳）（丹）徒段运河

⑮ **道光十五年二月**：治铜山、萧县天然闸下之引河

⑯ **道光十五年三至四月**：治太仓境内七浦河道、泖湖、淀山河；修元和境内之宝带桥圈洞

⑰ **道光十五年十月至道光十六年五六月间**：维修宝山、华亭海塘

⑱ **道光十五年**：治苏鲁交界流经邳州、宿迁之沂河堤埝及王翻湖

⑲ **道光十六年**：治吴江境内之瓜泾港、王家汇、姚家庄七里港、村前嘴、大港、新港各河；常熟、昭文二县之福山塘河、竺塘泾、景市桥河，建拦水石闸一座。治吴县之张家塘、香山港、王家桥河；上海县之浦汇塘、肇家浜、李从泾、新泾、薛家浜，于龙华、日赤二港各留大坝一座，修复南门外石闸，疏通城河。治川沙厅白莲泾、长浜、吕家浜、小腰浜；华亭县之亭林镇鹤颈汇，大小运港；娄县之古浦塘、官绍塘；金山县之朱泾镇互迎港、邵家塘、腰泾河、千港镇陆巷港、归泾河、老鸭泾、朱泥泾；青浦与元和、娄县并界之泖湖切滩；太仓之杨林河、钱泾、瑶塘；镇洋县之朱泾、南北漕漎、石婆、萧塘、西南十八港、六窑塘、大凌门；嘉定县之华亭泾、蒲华塘、黄姑塘、南北双塘、吉泾、心泾、川路泾、横塘、练祈塘

⑳ **道光十六年八月**：委员查勘皮大（岔）河

㉑ **道光十六年**：治通州通江引潮之姚港等二十七港

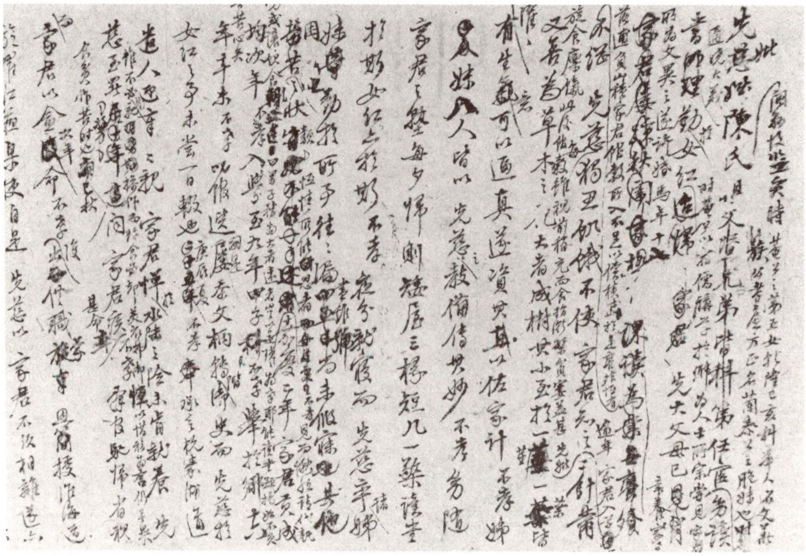

林则徐《先妣事略》手稿

情所能堪者”的贫困环境，还是之后因林则徐“屡忝文柄，转阶御史”，家境好转，她总是勤俭持家，“珍食必却，美衣弗御，女工之事未尝一日辍也”。但面对亲族乡党缓急之事，林母必减衣惜膳，体恤备至，济困扶危。林则徐从小孝顺，看到母亲辛苦，曾提出要为父母分担生活重担。母亲教育他：“男儿务为大者远者，岂以是琐琐为孝耶！读书显扬，始不负吾苦心矣。”可见，林母也有不同寻常的见识和守贫砺志的毅力。

林宾日夫妇乐于助人、志节高清的品行及超然物外、志存高远的家风，体现了儒家“威武不屈，贫贱不移，富贵不淫”的境界。之后林则徐无论是身处重臣之列，还是谪戍边疆，都能淡然处之，与早期所接受的家庭教育不无关系。

2. 书院滋养　明体达用

在父母的悉心栽培下，林则徐于嘉庆三年（1798）考中秀才，入鳌峰书院继续深造。7 年的书院时光，林则徐接受以经史为绩文之源的教育，在师长的教导与友朋的互勉中，畅游书海，刻苦力学，积极钻研和掌握各种知识，读书报国的思想日渐明确，他就像是努力吸收养分的树苗，为日后长成可遮天蔽日的参天大树而积蓄能量。

鳌峰书院，坐落于福州于山北麓，是由清代理学名臣张伯行于康熙四十六年（1707）创建，在很长一段时期里，是闽省最重要的会城书院，并保持着文教中心的地位，晚清著名学者、曾任致用书院山长谢章铤称其为“全闽育才之奥区也”。书院初设之时，已有书舍 120 间，其后书院功能设施逐步完善，院内设有藏书楼、办公用的监院公廨、祭祀用的

修复后的鳌峰书院

大成殿、文昌阁、五子祠、二十三子祠、张公祠、三贤五先生祠、讲学授课场所正谊堂、崇正讲堂及敦复斋、笃行斋、崇德斋、致用斋，学舍达 140 间，还有能容纳 400 人的专用考棚，“其规模制度宏琏丰敞，盖不特视有加，求之各省，或罕俪矣”。该书院的创办与发展也受到朝廷关注，不仅康熙帝亲题“三山养秀”匾额及赐予皇家珍藏经书八部，乾隆帝亦特赐“澜清学海”匾额及帑金一千两。

作为福州四大书院之首的鳌峰书院，藏书种类众多，共有 896 部，总计 23625 卷。补遗书籍 6 部，75 卷；续增书目 72 部，4045 卷 65 册 5 本；藏板 14 部，8770 块，其所刻的《正谊堂全书》是清代书院刻书的代表作。如此丰富的藏书不但显示书院的官办地位，也为就读于此的学子提供了丰厚的养料。林则徐入读鳌峰学院之后，研读经史子集，不但有儒家经典及朱熹、陆九渊、王阳明诸人之作，亦有《老子》《庄子》《韩非子》等诸子著作，

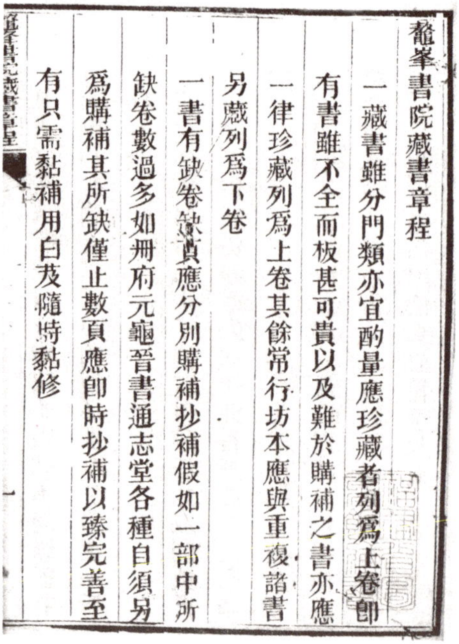
鼇峯書院藏書章程
一藏書雖分門類亦宜酌量應珍藏者列爲上卷卽
有書雖不全而板甚可貴以及難於購補之書亦應
一律珍藏列爲上卷其餘常行坊本應與重複諸書
另藏列爲下卷
一書有缺卷缺頁應分別購補抄補假如一部中所
缺卷數過多如冊府元龜晉書通志堂各種自須另
爲購補其所缺僅止數頁應卽時抄補以臻完善至
有只需黏補用白芨隨時黏修

福建鳌峰书院藏书目录之一

鳌峰书院旧址

还有《史记》《汉书》等史籍及历代诗文集，林则徐总能够将庞杂内容加以分析，兼收并蓄，融会贯通。7 年的书院学习使林则徐得以系统接受儒家教育，经过这段学院时光的积累与沉淀，林则徐学业根基扎实，“经世报国”“济世为民”的远大抱负有了坚实的基础。

鳌峰书院不仅规模宏大、底蕴深厚、地位尊崇，其师资水平也是一流。书院山长遴选不但重视科举出身，还重视品行学行，历任都是出类拔萃的学者。鳌峰书院前后共 33 任山长，除首任山长蔡璧出身拔贡生外，其余历代山长全是进士或博学鸿词科出身。蔡璧学问深厚，闽学造诣精深，强调“教士以器识为先”，奠定了书院“明体达用”的教学理念，其后的历任山长也都继承了“存实心”“明实理”“行实事”的学风传统，多强调树立志向读书，倡导经世致用之学，培养了大批优秀人才。据《鳌峰书院志》载，从康熙

嘉慶壬戌年刊

備給肄業諸生檢閲

福建鼇峯書院藏書目錄

正誼堂藏板

福建鳌峰书院藏书目录之二

十一年（1672）至嘉庆九年（1804）的乡试中，鳌峰书院共考中856名举人，仅嘉庆三年（1798）乡试就有50多名考中举人；康熙十五年（1706）至嘉庆十年（1805）会试中，考中155名进士。一所书院竟能培育出如此众多的人才，也难怪在当时鳌峰书院能冠居闽省书院之首了。

在众多的优秀人才中，以“虎门销烟”威震世界的林则徐最为瞩目。林则徐在鳌峰书院的直接授课老师即为闽中才子郑光策，其倡导的“经邦济世”之学，对一代伟人的成长产生了深刻的影响。

郑光策（1755—1804），字宪光、苏年，闽县人，从小便与其父一起参加由郑存敦、林乔荫、林宾日等组成的“读书社”，是该社中年龄最小的一位。

乾隆四十四年（1779），郑光策中举人，名列第二。次年（1780），成进士。归闽，主讲泉郡。他生平最喜欢“读经世有用之书”，除了司马光《资治通鉴》、马端临《文献通考》外，对唐代改革家陆贽、宋代名臣李纲、真德秀，以及明清之际著名学者顾炎武等人的著作，皆熟读精思，“靡不贯串，如数家珍”。郑光策于嘉庆二年（1797）至嘉庆九年（1804）受聘主讲鳌峰书院，成为书院第22任山长。在教学之中，郑光策强调“凡经世有用之学，必当渐知讲求”，主张“诲人宗旨，以立志为主”“志定而后，教有所施”。他强调书院教育以经世为“绩文之源”，倡言探究“为民兴利除害”，以“经邦济世”之学作为书院教育的根本宗旨与核心内涵，而他所致力的“经世之学”，不是指那种耕经耨史的考据，而是推崇宋儒之学，以期光大儒学。

聪颖勤奋的林则徐在书院自然受到郑光策的悉心栽培，而从林则徐长子林汝舟编写的《云左山房书目》看，林则

云左山房书目

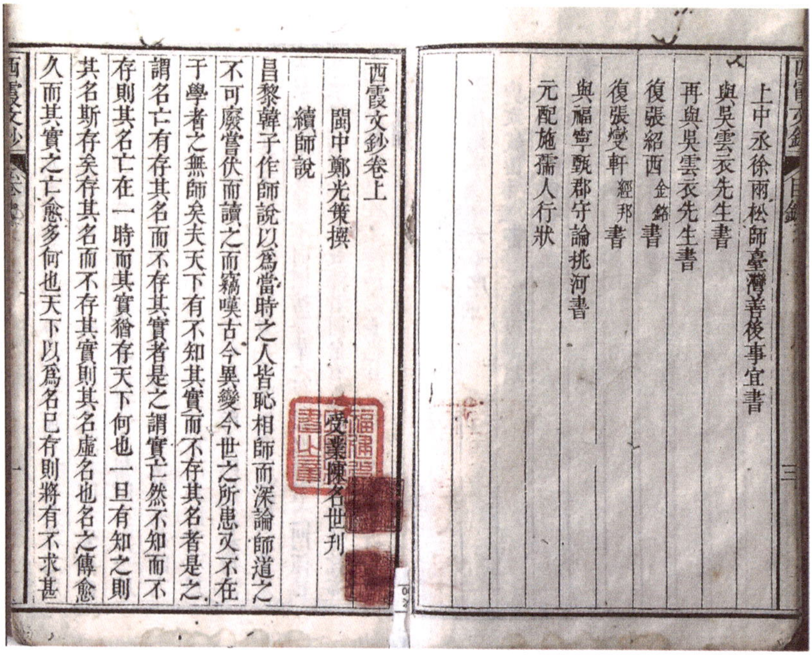
上中丞徐兩松師臺灣善後事宜書
與吳雲衣先生書
再與吳雲衣先生書
復張紹西金銘書
復張燮軒經邦書
與福寧甄郡守論挑河書
元配施孺人行狀

西霞文鈔卷上
閩中鄭光策撰
受業陳名世刊
續師說
昌黎韓子作師說以為當時之人皆恥相師而深論師道之不可廢嘗伏而讀之而竊嘆古今異變今世之所患又不在于學者之無師矣夫天下有不知其實而不存其名者是之謂名亡有存其名而不存其實者是之謂實亡然不知而不存則其名亡在一時而其實猶存天下何也一旦有知之則其名斯存矣存其名而不存其實則其名虛名也名之傳愈久而其實之亡愈多何也天下以為名已存則將有不求甚

郑光策《西霞文钞》

徐曾收藏由梁章钜整理的郑光策遗稿集《西霞文钞》，该书“多经世有用之言，诲人不倦之旨”，而其中最为突出的是民本思想。郑光策认为：“为治之术，以得民心为本，而本中之本则是劝农桑以重本计，明礼度以正风俗，躬勤俭以节民用。”可见他对孟子思想的继承，以及宋儒对他的影响，林则徐“恤民”“重民”思想或许受其影响。

林则徐走上仕途后，更是将郑光策“明体达用”的理念融入为官理政之中：无论是他在禁烟过程中发布的多项告示禁令，还是提出对外商区分良莠，采取“奉法者来之，抗法者去之”的方针，抑或对改革漕运提出“正本清源”“补偏救弊”“补救处之补救”“本源中之本源”四种方案，从政用人须坚持“廉”“正”“勤”之法等主张，都带有郑光策所倡导的将经义与治事结合思想，且有进一步的创新。道光十五年（1835），林则徐在江苏巡抚任上，题郑光策《抱膝图》遗像云：

遗影追寻立雪前，春风书带正翩翩。
谁知稷下闻琴泪，已兆隆中抱膝年。
座有心香余泽在，集题脚气几人传。
韩门李汉编文后，忆否桐枝瘦可怜。

追忆先师的教诲，表达对先师深厚的感情及对鳌峰学院求学时期的怀念。

在鳌峰书院期间，林则徐得以全面系统地钻研、接触各种经史典籍，开阔了他的眼界，加深了对社会现实的认识，接触到更多像他的父亲林宾日、老师郑光策等志趣相投的人。他所结识的人士中，就有两位不但与林则徐关系密切，且在之后的人生道路上互为影响促进，时常相互鼓励支持。一位是通过父亲林宾日认

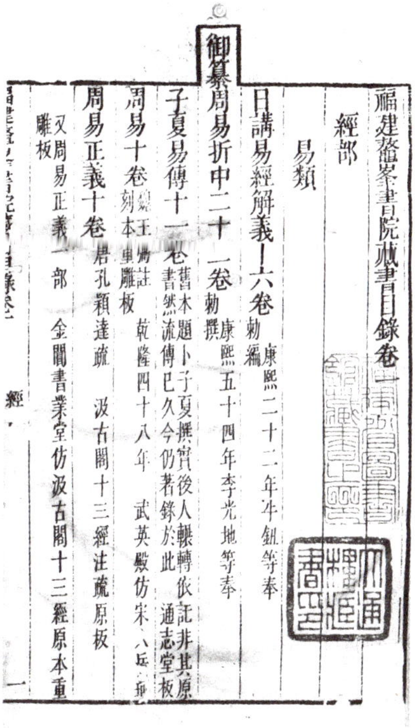
福建鼇峯書院藏書目録卷一
經部
易類
御纂日講易經解義十八卷 康熙二十二年牛鈕等奉勅編
御纂周易折中二十二卷 康熙五十四年李光地等奉勅撰
子夏易傳十一卷 舊本題卜子夏撰實後人輾轉依託非其原書然流傳已久今仍著録於此 通志堂板
周易十卷 魏王弼注 乾隆四十八年 武英殿仿宋八[illegible]刻本重雕板
周易正義十卷 唐孔穎達疏 汲古閣十三經注疏原板
又周易正義一部 金閶書業堂仿汲古閣十三經原本重雕板
經 一

福建鳌峰书院藏书目录之三

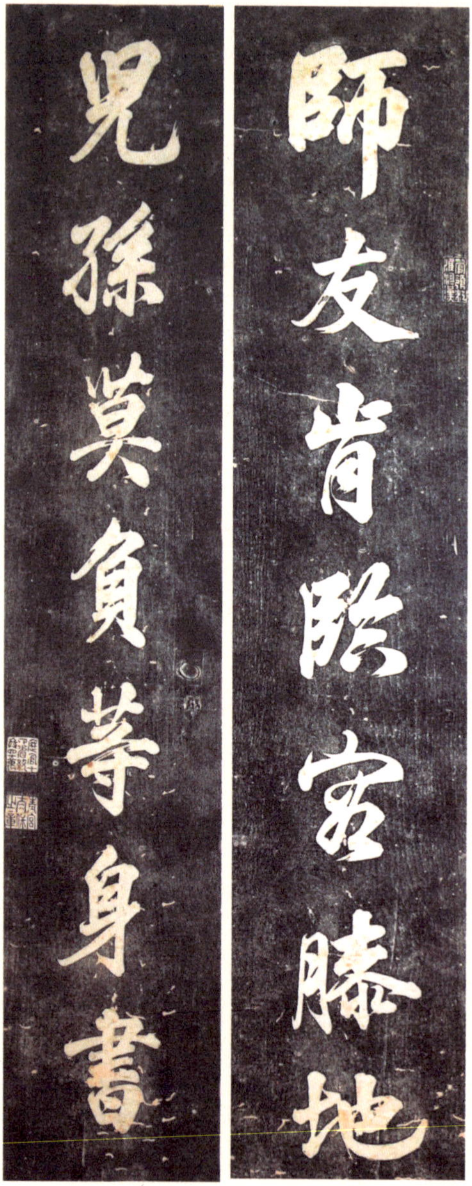

林则徐对联

识的学术泰斗陈寿祺，另一位就是郑光策的女婿梁章矩。

陈寿祺（1771—1834），字恭甫，号左海，闽县人，比林则徐年长14岁，是清代著名的大汉学家。他年少时，即“胸中时有浩浩荡荡、慷慨郁勃、不可告人之意”。于嘉庆四年（1799）中进士，曾授翰林院编修，历任广东、河南乡试副考官、会试同考官，父母殁后不出仕，主讲鳌峰、清源书院多年，有《左海全集》。作为一名学者，陈寿祺不仅治学严谨，造诣深厚，且以读书明经为宗，始终强调发扬“通经致用”，即使后来退出官场，依然时时关心国事、民事，常常批判社会腐恶现实，指陈社会利弊得失，尤其对官吏虐民、吏治败坏的情形深恶痛绝，对日渐颓堕的士习忧心忡忡，对日益猖獗的鸦片走私，以及西方殖民主义者的侵略威胁深有感触，大声疾呼：“如鸦片一物，夷人贩运，既以戕中国之人，又以耗中国之财，用心叵测，流毒无穷。”而对来华西人觊觎中国野心，提出“抚之不可失怀柔，然亦不可失威重也”策略，体现出他可贵的忧国忧民的精神。

陈家与林家为世交，林则徐非常钦佩陈寿祺的学识与造诣，两人常常“比数过从，通悃愫，讨文字”，相互赠诗、通信、交流见解。作为同乡长辈及翰林院前辈，陈对林多有指点。林则徐曾言“束发读公文，珍如觏鸿宝”，并将陈与明清时的经学大师相媲美，称其“近代诸作者，俯视同鱼喁。南抗朱与顾，北陵太原阎”，赞誉陈“海天有麟凤，文采天下瞻”。

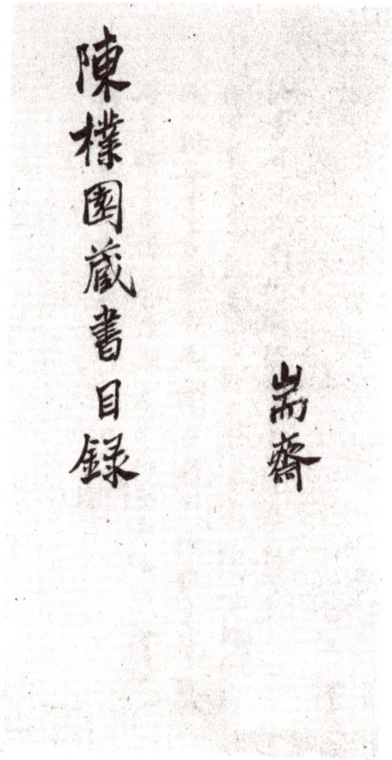

陈朴园藏书目录之一

1821年，林则徐因父病辞官回里。翌年，父病愈，林则徐由原籍启程北上，赴京补官，临行前，撰《题陈恭甫前辈遂初楼》诗四首，陈也写了三首赠行诗为其送行。陈在诗中言道“越人诵使君，多士勤作养”，对林则徐在浙江的政绩给予盛赞，同时陈在诗中也抒发了对当时吏治的憎恶之情，并对林则徐日后为官提出了殷切的希望：

贪泉见夷齐，敝屣视韩魏。
人爵安足荣，仁义乃富贵。
君子行道心，诵古思仿佛。
九罭歌鳟鲂，甘棠爱蔽芾。
由来社稷臣，一诚通万汇。
民俗凋敝余，若旱需灌溉。
奸宄阴蘖芽，若农芟稂莠。
吏道患因循，人情多忌畏。
苍生系安危，所尚在宏毅。
吾乡两襄惠，文武有经纬。

安溪本通儒，拥旄功泽暨。
落落逾百年，后贤每歔欷。
如君复几人，渊岳纳肠胃。
公卿交口荐，雅故洽兰味。
我独勖千秋，匪争时誉诽。
至尊资股肱，上殿吐奇气。
许身稷卨伦，志士何所讳。

读了赠行诗，林则徐复《答陈恭甫前辈寿祺》，对陈寿祺指陈的腐败吏治予以淋漓尽致的刻画，对那些阿谀奉承、寡廉鲜耻的利禄之徒予以谴责，发出“但当保涓洁，弗逐流波奔”的心声，勉励自己要做一个出淤泥而不染，不随波逐流、不尸位素餐的清官、好官。一个是腹载五车、耿直率真、不畏权贵、崇尚实际、不尚虚谈的儒学大家，一个是立志为官解民困、“无一事不认真，无一事无良法”的清廉能臣，两人常常书信往来，林则徐每每将自己的施政举措及从政见解与陈交流，陈也给予支持与鼓励。

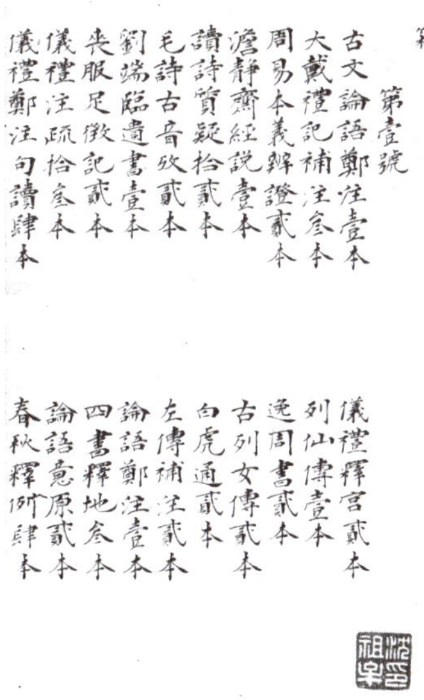
籍
第壹號
古文論語鄭注壹本
大戴禮記補注叁本
周易本義辨證貳本
澹靜齋經說壹本
讀詩質疑拾貳本
毛詩古音攷貳本
劉端臨遺書壹本
喪服足徵記貳本
儀禮注疏拾叁本
儀禮鄭注句讀肆本
儀禮釋宮貳本
列仙傳壹本
逸周書貳本
古列女傳貳本
白虎通貳本
左傳補注貳本
論語鄭注壹本
四書釋地叁本
論語意原貳本
春秋釋例肆本

陈朴园藏书目录之二

梁章钜（1775—1849），字

梁章钜像

闵中、茝林，晚号退庵。祖籍长乐，清初徙居福州城内。出生于“累世以科目起家”的知识分子家庭，亦曾于鳌峰书院就学，受郑光策赏识，不但成为其得意门生，亦成为其婿。

梁章钜清嘉庆七年（1802）中进士，改翰林院庶吉士，后历任江苏布政使、甘肃布政使、广西巡抚、江苏巡抚等职。同样受教于鳌峰书院郑光策的梁章钜，不仅是林则徐的同窗，更是比邻而居的密友。林则徐后来回忆与梁的早年交往，曾言“某未冠，受业于郑进士师，即与君习，继与君居同巷”，梁亦诗言“惟君情最深”，可见两人交往之深。梁章钜早于林则徐入读鳌峰书院，林则徐入读书院后，两人志趣相投，对历史上著名的政治家、军事家，如诸葛亮、范仲淹、李纲、岳飞、文天祥等都十分崇敬，他们常到越王山麓李纲祠凭吊，赋诗抒怀，之后两人更是发起修葺李纲墓，表达对民族英雄的缅怀与敬仰。

林则徐与梁章钜还是“宣南诗社”诗友，在京时常常集会赋诗，讲求学问，相互砥砺气节。即便后来两人辗转各地为官，身处两地，仍是鱼雁不断，诗文往来。梁章钜年长林则徐十岁，林则徐对其甚为谦恭、敬重。两人为政理念也极为相似，梁章钜认为清廉乃为官分内之事，且“廉而不能理民事，廉而不能合人情，虽不要钱，亦不得谓好官”“士君子到一处为官，不论久暂崇卑，一入门即当心安志定，为地方筹长远之计”。林则徐“求通民情，愿闻己过”，提出“国计与民生实相维系，朝廷之度支积贮无一不出于民，故下恤民生正所以上筹国计”的民惟邦本思想。面对英夷入侵，鸦片泛滥，林与梁同仇敌忾，在林则徐受命南下禁烟之时，梁章钜在广西也竭力稽查烟毒。

林梁两人终身交往密切、友情弥笃，两位好友都钦佩对方，相互间的评价很高，梁章钜在《制义丛话》中赞赏林则徐曰：“余友林少穆则徐督部，天怀敦笃，文笔敏赡。”林则徐誉梁“勋业闻望，如凤如麟”。

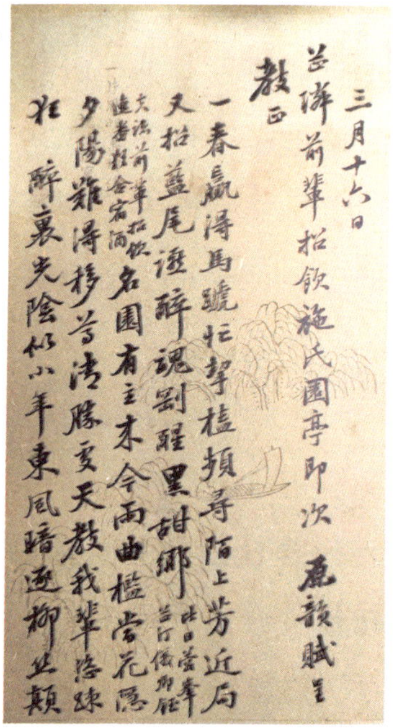

林则徐和梁章钜诗稿

经鳌峰书院“明体达用”学风熏陶，师友的教导勉励，林则徐渡过了其思想形成的黄金时期，书院的滋养让林则徐经世思想逐渐明确、清晰，以“学”为基，以“用”为归，将学院的通经博学、务实致用融入勤勉笃实、读书明理家风，林则徐入仕后成为勇于任事、祸福不避的实干家与家风不无关系，还影响到他的后代。

3. 官场历练　清廉慎勤

嘉庆九年（1804），林则徐参加乡试，中第29名举人。他开始从书房走向了社会，走上与先辈全然不同的道路，走向了更为广阔的天地。

嘉庆十一年（1806），林则徐应厦门海防同知房永清聘请担任文书。厦门海防同知是“管理海口商贩，洋船出入收税，台运米粮，监放兵饷，听断地方词讼”的官吏，林则徐跟随房永清身旁，接触到各种社会问题，以林则徐的好学、谨慎，自是加以留心关注、细心研究，这为日后他在地方施政、处理涉外事务等打下了基础。嘉庆十二年（1807），可说是林则徐人生中关键的一年，因为在这一年他遇到了他的“伯乐”——张师诚，让他这匹蓄势待发的良驹找到了施展才能的时机。

张师诚（1762—1830），字心友，号兰渚，晚号一西居士。乾隆五十五年（1789）进士，改庶吉士，授编修。嘉庆年间，先后担任山西、河南、江苏、福建、广东等省知府、道台、按察使、布政使、巡抚等职，在官场上政声颇佳，素有“能手”之称。

林则徐能得张师诚赏识并成为其幕僚，还颇具传奇色彩。据传，张师诚抵任福建巡抚临近除夕，当时他从各地的新年贺禀中，发现有一封字迹工整漂亮、文采华美，张爱不释手，立即派人寻找此贺禀主人，而此人便是林则徐。当林则徐来到府衙时已近黄昏，为了考验林则徐，张师诚特地找来一份篇幅浩繁的卷宗，要林则徐连夜细读并写出奏文。林则徐在阵阵爆竹声中聚神凝思，于天亮之前写完奏折并呈上。张师诚看着工整的奏稿，故意在上面涂改了几个字，让林则徐重新誊写，意在试他的修养与耐性。林则徐二话不说，重新认真誊写，当张师诚再次看到奏稿时，欣喜不已，对林则徐的才学及涵养极为欣赏，便召入幕。而林则徐能凭一封新年贺禀获得张师诚的青睐，除了其自身的努力外，与其笃实的家风及扎实的学风是分不开的。

张师诚像

进入张师诚幕可说是林则徐人生中的一次重要契机，让他得以接触社会上层，开始处理奏稿文牍。对张师诚的知遇之恩，林则徐心怀感激，在张师诚六十大寿为其写寿序时，饱含深情地说张师诚“爱才如性命，染人如丹青。扶寒畯如济舟航，引后进如培子弟”，认为这是“难穷思议”的“香火深缘”，言词中满是感恩。而张师诚对林则徐也是倾力栽培，指导他处理抚署奏稿及公牍，在工作中“尽识先朝掌故及兵刑诸大政”。了解到林则徐家境困难，张师诚便推荐林则徐的父亲林宾日往将乐县正学书院讲席，以缓解林家窘境，让林则徐可以心无旁骛地跟随在自己身边学习历练。

担任张师诚幕宾期间，林为张代拟不少奏稿，在实践中不断积累经验。张师诚赞赏林则徐办事干练，鼓励他参加会试。嘉庆十五年（1810），张师诚赴京觐见，特地为林则徐备好盘缠，并带他一同北上。嘉庆十六年（1811），林则徐参加会试，榜列74名，后以殿试二甲第四名，朝考第五名，赐进士出身，入翰林院庶常馆。林则徐的成功，既得益于张师诚的慧眼识才，也得益于自

嘉庆十六年进士碑

身多年的坚持与自修。

林则徐被选为翰林院庶吉士后，选派习清书，三年散馆后授为编修，奏派翰林院办事，之后充国史馆协修，纂修功臣馆提调、翻书房行走、清秘堂办事等职务。初为京师小官，林则徐俸禄微薄，妻儿又“疾恙连绵”，但他谨守“淡泊、仁爱、勤俭”家风，业余以教书、批阅课文贴补家计，谨言慎行。

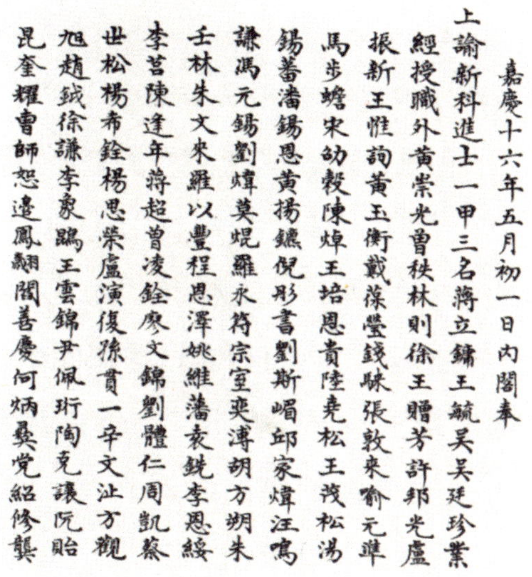
嘉慶十六年五月初一日內閣奉
上諭新科進士一甲三名蔣立鏞王毓吳吳廷珍業
經授職外黃崇光曾秩林則徐王贈芳許邦光盧
振新王惟詢黃玉衡戴藻瑩錢駯張敦來喻元準
馬步蟾宋劭穀陳焯王培恩貴陸堯松王茂松湯
錫蕃潘錫恩黃揚鑣倪彤書劉斯嵋邱家煒汪鳴
謙馮元錫劉煒莫焜羅永符宗室奕溥胡方朔朱
壬林朱文來羅以豐程恩澤姚維藩袁銑李恩綬
李茗陳逢年蔣超曾凌銓廖文錦劉體仁周凱蔡
世松楊希銓楊恩榮盧演復孫貫一辛文沚方觀
旭趙鉞徐謙李象鵾王雲錦尹佩珩陶克讓阮貽
昆奎耀曹師恕邊鳳翔閻善慶何炳彝覺紹修龔

林则徐改翰林院庶吉士上谕

嘉庆二十一年（1816），林则徐派任江西乡试副考官，因典试关系到士子的功名与地方文教的声誉，各省官员都十分关注，对考官的接待亦十分隆重，这也使闱务不可避免地沾染了奉迎应酬的种种陋习。在林则徐进入江西后，地方官准备了八人抬的轿子迎接，林则徐断然拒绝，后改为四人轿，但有一次对临时准备的八人轿因故未辞，事后林则徐终因有违本分而感到惭愧，他在日记中也多次记述道：

自进省时，地方即备八座肩舆，力辞之，改为四。

是日亦已预辞，面临时仍备八座，仓卒不及改，心甚愧之。

自入闱以来，监临、提调、监试连日输送酒席，是日因近中秋，送席尤多，心甚愧之，且觉物力可惜。

科考取士不仅关系到士子的功名，更关系到国家人才的选拔、储备。林则徐首任考官，自是特别谨慎小心，唯恐“校阅不周”，而林宾日得知此事，联想到自己考取功名之路的艰辛，一再叮嘱儿子“衡文当慎之又慎，已荐之卷，首场三艺当通阅到底，逐篇分评，未荐之卷亦必逐卷有朱笔指点”，林则徐谨记父训，严格阅卷。此次发榜后，“访询舆论，均谓此次所录多为清贫绩学者”。作为林则徐人生的第一位导师，父亲陪伴他走过了天真未泯的孩童时代，走过求学上进的青年时代，并在他进入官场后，仍时刻提醒林则徐勤恳谨慎，大公无私，不可辜负朝廷的期望和百姓的信任，这就是林则徐严谨笃实的家风。

嘉庆二十四年(1819)，林则徐任云南乡试正考官，沿途停靠驿站时，从驿马的疲累联想到百姓劳役的辛苦，先后写了《驿马行》《病马行》，采用拟人手法，同情百姓生活困苦的境遇，提出为官应爱护民力，抒发了“为官恤民”的思想。途中行至裕州，遭遇连降大雨，河水暴涨，林则徐陷入了“舆人缩足僮仆恇，我亦四顾心旁皇”的境况，

身行万里半天下

这时意外得到了村民的相助，众擎成墙，涉过没肩的洪水，将林则徐安全送到对岸，面对纯朴的百姓，林则徐深为感动，诗言：

村夫欻来灿成行，
踊跃为我褰衣裳。
舁我篮舆水中央，
如凫雁泛相颉颃。
水没肩背身尽藏，
但见群首波间昂。
我恐委弃难周防，
幸以众擎成堵墙。
我舆但如箕簸扬，
已夺坎险登平康。

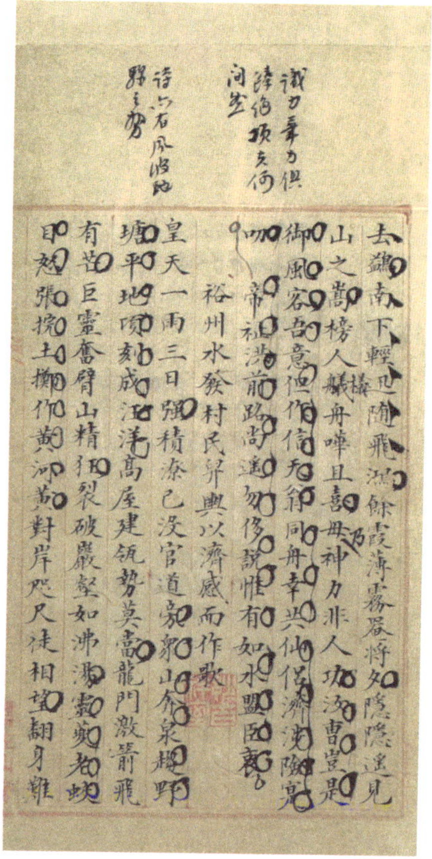

《裕州水发村民舁舆以济感而作歌》

噫嘻斯民真天良，解钱沽酒不足偿。
我心深感怀转伤，为语司牧慎勿忘：
孜孜与民敷肺肠，毋施棰楚加桁杨，
教以礼让勤耕桑。
天下舆情皆此乡，世尧舜世无怀襄。

诗中林则徐描述了村民冒险相助的过程，并告诫地方官勿忘民生，不可滥施刑罚。体现他关心民生疾苦，立志做个正直为民的好官。而此次担任乡试正考官之职，林则徐一如既往，阅卷严谨，认真衡文，严格选拔“有志于学”“文理优长”之才。

两次考官经历是林则徐施展政治抱负的开端，也初显其为官公正严明之政风。“达则兼济天下”，从父辈教书育人到林则徐科举入仕，林家始终延续着“淡泊、仁爱、勤俭”家风。后林则徐以其过人的才干、魄力、胆识官至一品，但无论身居何职，他始终不忘为官初心，成为晚清官场中的一股清流。

二、身体力行树家风

“书香贻后叶，文笔占中峰。”林则徐服官三十余载，历官十四省，作为大清的封疆大吏，恪尽职守、鞠躬尽瘁，始终以社稷百姓为先。他时常奔波于各地之间处理政务，陪伴家人的时间甚少，但作为父亲，他的爱子之情并没有因繁忙的公务而减少丝毫，他用自己的方式关注子女成长，成为子女成长道路上的指路明灯，他以自己的一言一行诠释梅鹤家风的内涵，让子女在春风化雨般的教导中成长。

云左山房书目之一

1. 读书济时　学以致用

林则徐一生嗜书，涉猎范围广，藏书丰富。他将读书视作寻找强国富民之源泉，读有用之书，行有为之事。林则徐从政三十余年，从道台、按察使、布政使直至封疆大吏，始终日日以书为伴，“无一日不读书，日暇一编，数十寒暑不辍”。读书使林则徐涵养了学识、开阔了眼界，且让他在为官之后仍保持着积极上进的作风，使他能够在他人沉迷于“天朝大国”的美梦时，以敏锐的眼光去观察世界，积极探索、学习西方国家的先进技术，提出“师敌制敌”的观点。当鸦片流毒愈演愈烈之时，身为钦差大臣的林则徐到广州后，马上命人搜集广州、澳门外国人出版的各种英文书籍、报纸，如《澳门新闻纸》《澳门纪事报》，还包括传教小册子等，聘用通晓英文的人才，建立翻译队伍，翻译外文资料，特别重点翻译鸦片生产、西方对中国禁烟的反应及西方对中国周边邻近国家的侵略活动资料以了解敌情。特别是他组织翻译的英国人慕瑞所写的《世界地理大全》，后取名《四洲志》，更是成为当时了解世界的窗口。该书介绍了世界五大洲

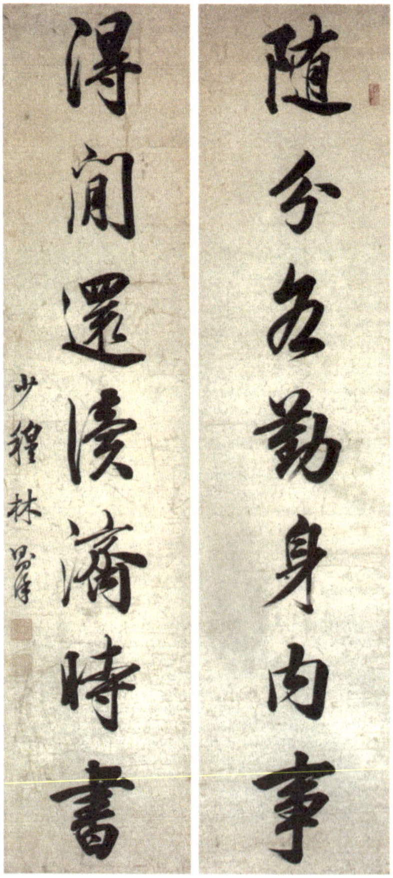

林则徐对联

三十多个国家地理、历史、政治等情况，可说是中国第一部比较系统的世界地理志。同时，为了寻找查禁鸦片的国际法律依据，林则徐请人翻译了《各国律例》，了解外国对走私与偷渡的处理办法，从而使查禁鸦片“货尽入官，人即正法”有理有据。林则徐一直秉承鳌峰书院“读书济世”学风，将读书与实际紧紧联系一起，以学济世，即使他被贬边疆，西行时随带的行李中，仍“大车七辆，载书二十簏”，在赴戍途中给老师沈维鐈的信中言道：“则徐远驰徼外，胸境转宽，途中虽属难行，珍慎从容，自可无恙。到配以后，尚可补读三十年前之书，请勿上烦慈系也。”遭遇如此不公境遇，林则徐仍能以书自慰，其爱书嗜书之情跃然纸上。

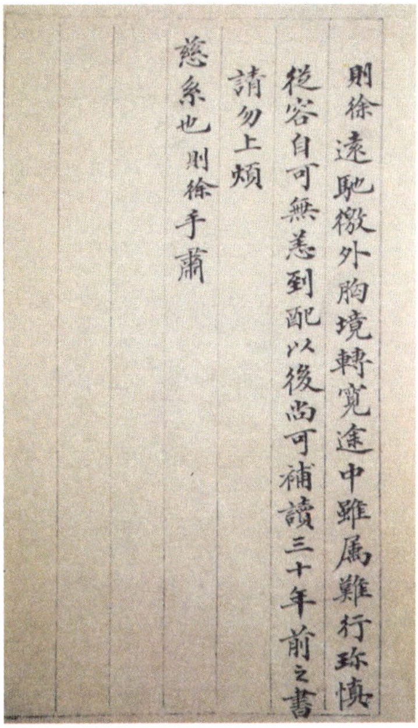
則徐遠馳徼外胸境轉寬途中雖屬難行珍慎
從容自可無恙到配以後尚可補讀三十年前之書
請勿上煩
慈系也則徐手肅

林则徐致沈维鐈信

“立身以立学为先，立学以读书为本”，林则徐以自己的行动，将读书济时的理念传递给子女，劝诫他们不应辜负大好年华，应以读书为首要，不应急于求成，而应静下心来专心研读。当得知大儿子林汝舟备考秋试，即通过书信谈及自己当年的读书作文之道，传授科举制艺进修方法，在信中言及：

……尔敦行立志，向学不倦，将来成就当远且大。

勉之！读书作文之道，其先当因类以求之。如理学则当（于）先儒所论天人性命之旨及今古名家之深邃刻挚而明晰者讲求之。政事则当于先儒所记兵农礼乐之要及古今名家之昌明高华、开拓而精切者讲求之。始能读，次能记，次能用。常读始能记，常记始能用，故口诵目览手抄，则下笔汩汩然来，自有汁浆也。用翻，用跌，用衬，或拓开，或推深，或旁敲，或反逗，皆文字妙法。然此数者，无经籍之菁华、儒先之妙绪、大家之讲求、古文之气息以出之，又何以有精彩、有意味、有波澜、有曲折乎？吾家藏书最多，一意在于是，三年当可观也。时文纯璧者少，一篇数股，每股数句，记诵尚易，就此求之。目今风气，用意用笔，忌与人雷同，寻常意习见语□勿用。总之多读多作，则取有所择，而用可精也。功令试诗亦宜切究，好诗亦当熟背数百首，则音律调而风味旨，且取材富，不以鄙野嗤矣……

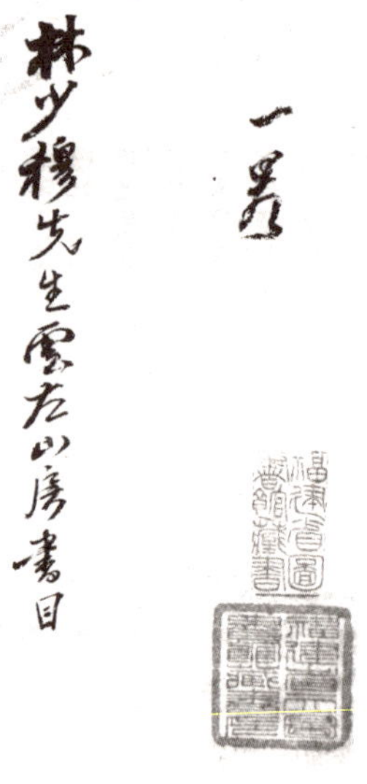

云左山房书目之二

信中指出读书应分类而学，对于不同类型的文章则重点不同，读书方法也应有所不同，才能得文之精髓。且指导大儿子读书应眼到、口到、手到，读、记、用并行，反复推敲，形成自己的观点。

林则徐关心子女课业，除了亲自鼓励教导外，也常与儿辈的老师刘建韶多有书信往来，随时了解儿子的读书情况，亦时常让儿子将近期所作的文章寄来，看看是否有所长进，随时加以点评。从林则徐写给刘建韶的多封书信中，可看到林则徐对长子的学业点评：

只皮毛语耳，笔气亦太弱。

近作时文，词气多涉晦滞，盖其功夫既不纯熟，而心思又欠开展，是以拈题到手，总从难路走去，而不能自在游行，又无犀利之笔，英锐之气，阅之令人不能展眉。

……其应看之书与应作之功课，仍乞随时提撕启迪，俾不至虚度时光……

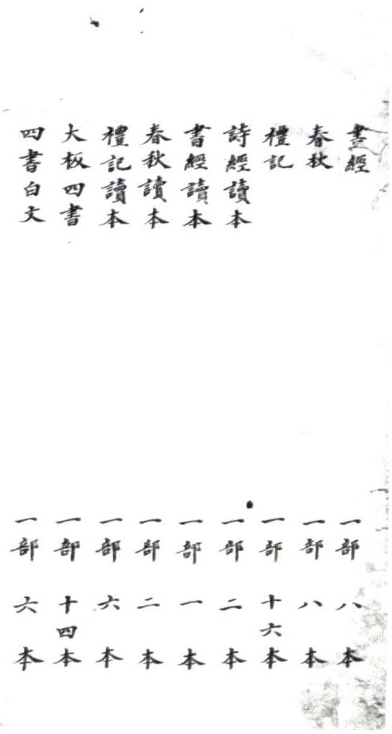

書經	一部八本
春秋	一部八本
禮記	一部十六本
詩經讀本	一部二本
書經讀本	一部一本
春秋讀本	一部二本
禮記讀本	一部六本
大板四書	一部十四本
四書白文	一部六本

云左山房书目之三

从信中可看出，林则徐即使公务繁忙，也不时抽空仔细阅读儿子寄来的习作，并与老师交流意见，指出儿子缺漏之处，希望刘建韶能多多加以启迪指导。同时林则徐还鼓励儿子多结交好学上进的朋友，相互切磋，增进学业。

即使后来林则徐因功获“罪”，远戍伊犁，他对子女的学业也不曾放松。在勘测南疆时，接到小儿子林拱枢的文

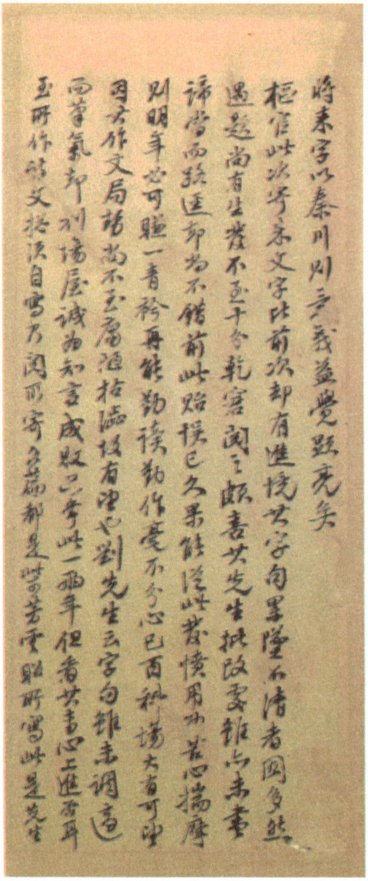

林则徐家书

章，阅后即书家信：

枢官此次寄来文字，比前次却有进境，其字句累坠不清者固多，然遇题尚有生发，不至十分干窘，阅之颇喜。

其作文局势尚不至庸陋枯涩。

对儿子的些许进步感到欣慰加以肯定，并提出殷切期望：

果能从此发愤用功，苦心揣摩，则明年必可赚一青衿；再能勤读勤作，毫不分心，己酉科场大有可望。

对于小儿慵懒、请人代劳，他提出严厉批评：

至所作诗文，总须自写，乃阅所寄各篇，都是柴芳、云昭所写，此是先生改本，并非另录，岂竟全不自写，直令伊等代笔耶？如此懒惰，即其不肯用功可知。独不思进场之时，亦能带伊来写否乎？年轻之人写字岂是难事？我从前所读文章，每夜常背录三五篇，今汝有家人代抄读本，尚不足意，而自作者又付伊等誊清，则难保所作诗文亦系别人代作，均不可定。果有志向，首以戒懒为要，切切，切切。

林则徐提出具体要求，强调应将书与字帖整理汇齐，以免遗失，其他临时乱塞的物件，也应按件理清收好。可见，林则徐教导子女并非泛泛而谈，而是有针对性地指出缺点，对于点滴进步也不吝于赞扬，这倒与其父林宾日“谆谆然，循循然，不激不厉”之法颇为相似。

林则徐一生治学严谨，谦虚进取。据传，林则徐的女婿沈葆桢少年时颇自负，跌宕不羁，曾作《咏新月》一诗，请林则徐过目。林则徐看后将“一钩已足明天下，何必清辉满十分”改成“一钩已足明天下，何况清辉满十分”。“何必”是用不着的意思，改前颇显狂妄自傲，“何况”是更不用说，改后颇显谦虚之意及进取之心。仅仅一字之差，其诗意则迥然不同，暗含鼓励之意，鼓励沈葆桢蓄才积识，以备济世之用，一旦身居高位便可大展身手，实现治国安邦的宏图大业。沈葆桢深受林则徐影响，遵从其教诲，开阔襟怀，勤勉刻苦，先后担任巡抚、总督、船政大臣等要职，功勋卓著，终成一代名臣。

七十二峰楼

林则徐晚年回乡养疾，住在文藻山旧宅时，大部分时间都在七十二峰楼内整理旧稿，他亲自把《使滇小草》《黑头公集》等诗稿选辑成《云左山房诗钞》。同时他在百忙之中还常举办文

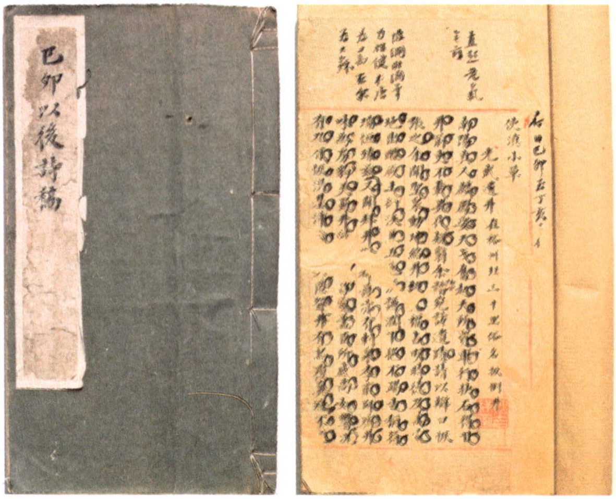

《使滇小草》

会“亲社”，每月约集族中的读书人到家中会文一次，考察他们的学习成果。林则徐不仅自己一生与书为伴，且时时鼓励后辈应读书进取，不但要“好读书”还应“以读书为乐”，而最能体现其处世哲学的《十无益》，更是短短十句融合了儒家“仁义礼智信”思想，从为人、处事、修身、立德各方面警醒自己并告诫后人应“远邪道，走正道”。

“学而不思则罔，思而不学则殆”。林则徐从小接受儒家思想教育，他研读经史，是从实际需要出发，从国家需要出发，他以“经世致用”思想引导子女，时时提醒应将所读所学加以融会贯通，加以应用，为日后走上社会奠定良好基础。

2. 忧国恤民　恬淡处世

“为政若作真书，绵密无间；爱民如保赤子，体会入微。”

这是同科进士程恩泽赠予林则徐的联句，此联可说是对林则徐品德的高度概括和赞扬。在宦海浮沉三十多年，林则徐始终牢记父辈仁爱之家风，不忘为官者当为国为民之初心，时刻心忧国事、心忧百姓。

道光十八年（1838），林则徐在湖广总督任上治水患、修堤防，察吏治，缉私盐，阅营伍，政绩斐然，但此时朝廷内已暗潮涌动。“弛禁”与“严禁”之争愈演愈烈，道光皇帝面对历年禁烟不见成效，鸦片流毒威胁其统治根基，下旨令各省督抚及盛京、吉林、黑龙江将军针对黄爵滋《请严塞漏卮以培国本折》“各抒所见，妥议章程，迅速具奏”，林则徐即上奏《筹议严禁鸦片章程折》，后又上《钱票无甚关碍宜重禁吃烟以杜弊源片》。是年年底，林则徐奉命入京觐见，道光帝连续八天八次召见林则徐，于第五次召见时，即任命林为钦差大臣赴广东查禁鸦片。对此重任，林则徐感到了前所未有的压力，他深知此行危机重重，前途凶险，但为除国之患，解民之难，仍义无反顾踏上了禁烟抗英之路。他在向房师沈维鐈辞行时言及“死生命也，成败天也。苟利社稷，不敢竭股肱以为门

虎门炮台

墙辱”。此时的林则徐面对“蹈火之行”，仍铁肩担当，怀着“苟利国家生死以，岂因祸福避趋之”的信念赴粤禁烟。

林则徐水陆兼程，沿途即着手调查鸦片流毒情况，一到广州便雷厉风行展开禁烟，查敌情、发公告、下谕帖、缴烟土、抓烟贩。面对十三行洋商与外商勾结，为虎作伥，暗中相助贩卖鸦片，林则徐历数罪状，当面训斥，按律核办；面对英国驻华商务监督义律及外国鸦片贩子的无理挑衅，对抗禁烟，林则徐刚柔并用，劝诫兼施，严令“缴烟具结”，并言道：“若鸦片一日未绝，本大臣一日不回，誓与此事相始终，断无中止之理。”儿时父母“勤勉仁爱”教诲，少时书院“报国济世”熏陶早已融入他的血脉基因，升华为面对强敌不屈不挠，为国为民守土尽责的爱国深情。

道光十九年四月二十二日（1839 年 6 月 3 日），随着虎门

虎门炮台

虎门销烟场景图

海滩浓烟阵阵，销烟池沸腾翻滚，“虎门销烟”这一壮举向世人证明了中国人民反抗外来侵略的决心及维护正义的魄力。虎门销烟成就了林则徐，让世人记住了这个敢担当、勇作为的清朝干城。然而，之后局势急转直下，在侵略者的武力威逼及朝廷投降派的诬陷下，道光帝以“办理不善”的罪名将林则徐革职查办，先到浙江候旨，继而发配新疆伊犁。林则徐从一个战功赫赫的禁烟大臣到流放塞外的“逐臣”，从风光无限的封疆大吏到远戍西北的“罪臣”，他内心的苦闷、委屈可想而知，但他从容面对，承袭父亲恬淡处世风格，即便在流放途中及戍守边疆时仍心系国事，为民谋福，其宽广的胸襟、恢宏的气度让儿辈折服。

道光二十一年（1841）三月二十五日，清廷降旨让林则徐以四品卿衔赴浙候旨。四月下旬，林则徐到达浙江后即协办浙东沿海防务，但仅仅34天后，林则徐便被革去四品卿衔，发往伊犁。后因河南黄河决口，林则徐于七月十五日在扬州奉命折回东河效力赎罪。朝廷谕令的指责，多地辗转的劳累，其间的辛酸、艰苦自是无以言表，但林则徐谨守父母“为官当有为”家训，保持入仕时的初心，以护国为民为己任，即使承受常人无法承载的压力，仍兢兢业业做好一名臣子应该做的事。

在镇海的34天内，林则徐亲往前线询问铸炮备战情形，积极参与策划镇海的防务，“日乘竹兜，渡大洓，登高陟险，指画守御之方”“往来各岛屿协筹防寇”。同时，林则徐加紧搜集铸炮的文献资料，当他得知冯登府搜集到《焦氏兵法》抄本，即复信请冯登府将抄本送宁波邓廷彩署中，

林则徐研制的四轮磨盘炮车模型

再派专人送达以免遗误，同时还表示希望能亲自到宁波天一阁查阅所藏兵家著作。之后，林则徐常往炮厂“观铸四千斤铜炮”或“观刮磨炮膛”。在闽、浙炮匠的通力合作下，终首次铸成八千斤重的铁炮。后林又与刘韵珂筹划研制可后推前拉、四面转运的“磨盘炮”，加强战备。彼时，林则徐的长子林汝舟一直跟随在侧，林则徐在含冤降职的情况下，仍能以一颗赤诚的爱国心，以一份坦然淡泊的心境，对一切泰然处之，积极投身海防建设中，希望以微薄之力改善镇海军备，提升作战能力。这种忘却自身逆境，淡泊名利，深怀忧国之思，应该对儿子产生了强烈的震动，这种以实际行动展示的“淡泊”家风，表现出的爱国情怀，无不深深震撼着儿辈。

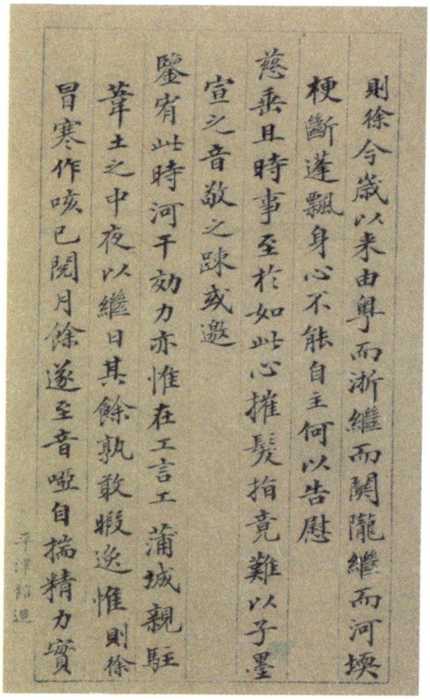

則徐今歲以來由粵而浙繼而閩隴繼而河堧
梗斷蓬飄身心不能自主何以告慰
慈垂且時事至於如此心摧髮指竟難以子墨
宣之音敬之跡或邀
鑒宥此時河干効力亦惟在工言工 蒲城親駐
葦土之中夜以繼日其餘孰敢暇逸惟則徐
冒寒作咳已閱月餘遂至音啞自揣精力實

林则徐致沈维鐈信

道光二十一年（1841）七月，林则徐在扬州接到因黄河决口命其折回东河效力的谕旨，即奔赴河南祥符。在祥符工地上，林则徐“追随星使（王鼎），朝夕驻坝”“日夜坐与士卒同畚锸”，以致“奔驰成疾，既发鼻衄，又患脾泄”“作咳已阅月余，遂至音哑”，仍勉强支持。经半年的努力，黄河堵口工程终于合龙，王鼎于合龙前上奏“林则徐襄理文案，稽核总局，深资得力，恭候圣裁”，希望皇帝能对林则徐论功行赏，赦免其流放。但却接到“林则徐著仍遵前旨即行起解，发往伊犁效力赎罪”的谕旨。开封百姓闻之“皆扼腕叹息，多有泣下者”，王鼎等正直官吏亦愤愤不平，但林则徐镇静自若，匆匆整理行装做赴戍准备。道光二十二年（1842）二月，林则徐从祥符工地起程，王鼎河干相送，老泪纵横，为自己无法保全国家栋梁而心怀愧疚，对国家失去一个可匡扶社稷的人才感到惋惜。林则徐感慨良多，赋诗相赠：

幸瞻臣手挽银河，休为羁臣怅荷戈。
精卫原知填海误，蚊虻早愧负山多。
西行有梦随丹漆，东望何人问斧柯。
塞马未堪论得失，相公且莫涕滂沱。

元老忧时鬓已霜，吾衰亦感发苍苍。
余生岂惜投豺虎，群策当思制犬羊。
人事如棋浑不定，君恩每饭总难忘。
公身幸保千钧重，宝剑还期赐尚方。

诗中安慰王鼎保重身体，不必为自己流放之事感到难过，应把握时机为国家民族多做事。一句“余生岂惜投豺虎，群策当思制犬羊”，表达出林则徐虽遭流放，但心胸坦荡，不计个人得失，仍时刻惦记东南战事，希望大家可以群策群力，找到抵抗英国侵略者的有效措施。离开祥符后，林则徐一路西行，途中仍时时牵挂东南战局，从其赴戍途中给友人的多封信中，可知林则徐多次提到造船制炮，建立新式水军，以与英国海军相抗衡。在人生低谷之时，林则徐仍能安之若素，在遭受连番打击之下，他的经世之志仍未被消磨，其豁达的胸怀无不彰显着“淡泊处世”之家风和儒家“威武不能屈，贫贱不能移”的崇高品格。

道光二十二年（1842）七月初六日，林则徐在西安休养两个月后，告别妻子、家人，携林聪彝、林拱枢登程赴戍。面对忧思重重的妻子，林则徐口占诗句宽慰家人：

出门一笑莫心哀，浩荡襟怀到处开。
时事难从无过立，达官非自有生来。
风涛回首空三岛，尘壤从头数九垓。
休信儿童轻薄语，嗤他赵老送灯台。

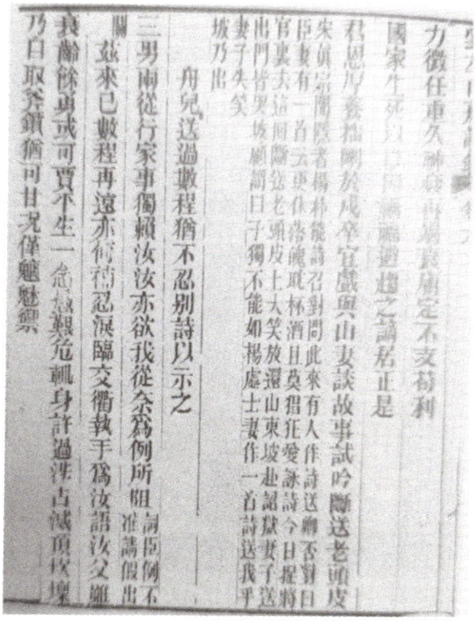
力微任重久神疲再竭衰庸定不支苟利
國家生死以豈因禍福避趨之謫居正是
君恩厚養拙剛於戍卒宜戲與山妻談故事試吟斷送老頭皮
宋眞宗聞隱者楊朴能詩召對問此來有人作詩送卿否對曰
臣妻有一首云更休落魄耽杯酒且莫猖狂愛詠詩今日捉將
官裏去這回斷送老頭皮上大笑放還山東坡赴詔獄妻子送
出門皆哭坡顧謂曰子獨不能如楊處士妻作一首詩送我乎
妻子失笑坡乃出
舟兒送過數程猶不忍別詩以示之
三男兩從行家事獨賴汝汝亦欲我從余爲例所阻詞臣例不准請假出
關茲來已數程再遠亦何裨忍淚臨交衢執手爲汝語汝父雖
衰齡餘息或可買不生一念[illegible]艱危輒身許過洋[illegible]
乃曰取斧鑕猶可甘[illegible]

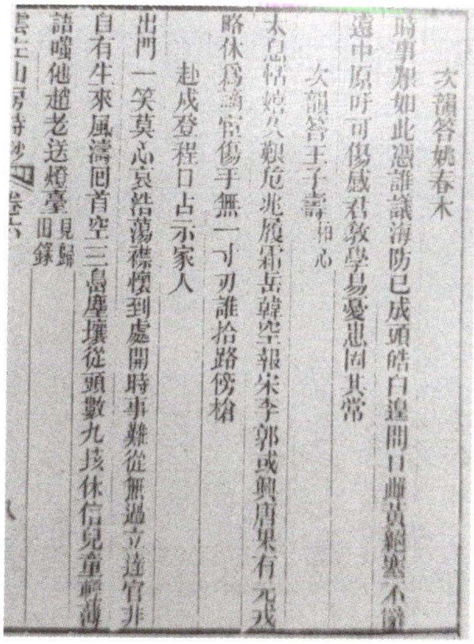
次韻答姚春木
時事艱如此憑誰議海防已成頭皓白遑問口雌黃絕塞不[illegible]
遠中原呼可傷感君教學易憂患困其常
次韻答王子壽柏心
太息恬嬉久艱危兆履霜岳韓空報宋李郭或興唐果有[illegible]戎
略休爲論官傷手無一寸刃誰拾路傍槍
赴戍登程口占示家人
出門一笑莫心哀浩蕩襟懷到處開時事難從無過立達官非
自有生來風濤回首空三島塵壤從頭數九垓休信兒童輕薄
語嗤他趙老送燈臺見歸田錄
雲左山房詩鈔 卷六

赴戍登程口占示家人

力微任重久神疲，再竭衰庸定不支。
苟利国家生死以，岂因祸福避趋之。
谪居正是居恩厚，养拙刚于戍卒宜。
戏与山妻谈故事，试吟断送老头皮。

诗中林则徐一方面以“浩荡襟怀”安慰家人莫要“心哀”，借用宋代杨朴、苏轼的故事，隐喻自己定能回来与大家团聚，另一方面又以坚定信念吟诵“苟利国家生死以，岂因祸福避趋之”，显示出他对革职遣戍一事豁然大度的胸襟，是以国为重，将个人生死荣辱弃之不顾的豪迈，将看淡名利、不念过往、不畏将来的豁达表现得淋漓尽致，也将淡泊家风与爱国情怀无形地传递给了儿女。“苟利国家生死以，岂因祸福避趋之”是林则徐精神境界的浓缩，也是林

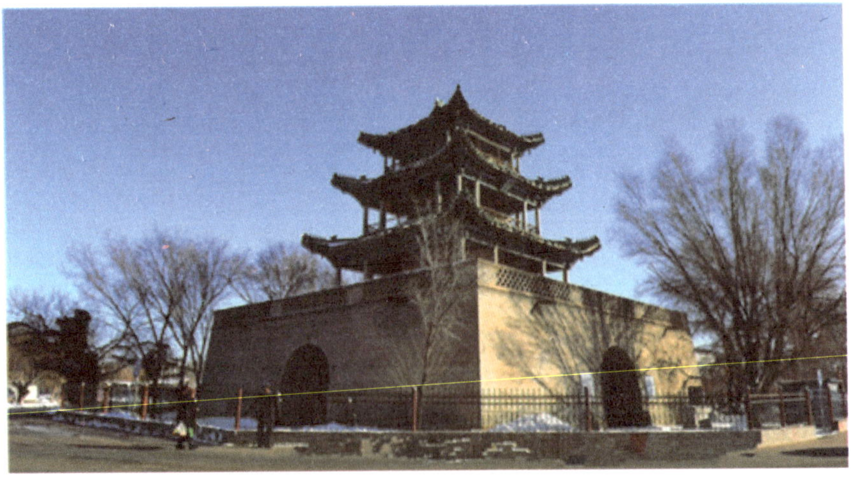

惠远城钟鼓楼

林则徐勘察南疆示意图

狄宪德　编绘

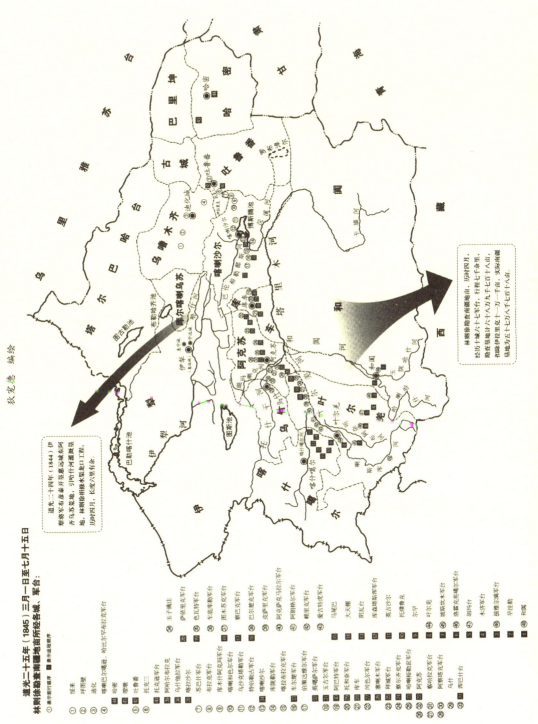

道光二十五年（1845）三月一日至七月十五日
林则徐勘查南疆地亩所经各城、军台：

① 表示前行顺序　■ 表示返程顺序

① 绥来
② 呼图壁
③ 迪化
④ 喀喇巴尔噶逊、哈比尔罕布拉克军台
■44 哈密
■43 瞭墩
⑤ ■42 吐鲁番
⑥ 托克三
■40 托克逊军台
■39 阿哈尔布拉克
■36 乌什他拉军台
■35 喀拉沙尔
⑦ 苏巴什军台
⑧ 布拉克军台
⑨ 库木什阿克玛军台
⑩ 喀喇和色尔军台
⑪ 乌沙克塔勒军台
⑫ 特伯勒古军台
⑬ ■34 喀喇沙尔
⑭ 库陇勒军台
⑮ 喀拉布拉克军台
⑯ ■33 车尔楚军台
⑰ 伯箴达雅尔军台
■32 英噶萨尔军台
⑱ ■31 玉古尔军台
⑲ ■30 阿巴特军台
⑳ ■29 托和奈军台
㉑ ■28 库车
㉒ ■27 河色尔军台
■26 塞喇木军台
㉓ ■25 拜城军台
㉔ ■24 察尔齐克军台
㉕ ■23 哈喇裕勒衮军台
㉖ ㉜ ■22 阿克苏
㉗ ㉛ 察哈拉克军台
㉘ ㉚ 阿察塔克军台
㉙ 乌什
㉝ ■21 浑巴什台
㉞ 玉子满庄
■20 萨依里克军台
■19 ㉟ 色瓦特军台
㊱ 车底库勒军台
■18 ㊲ 图木苏克军台
■17 察巴克军台
■16 ㊳ 巴尔楚克军台
㊴ 皮萨里克军台
㊵ 阿克萨克马拉尔军台
㊶ 阿朗格尔军台
㊷ 赖里克军台
㊸ 爱吉特虎军台
■15 马尾巴
■14 大天棚
■13 阴瓦台
■12 库森塔斯浑军台
■11 英吉沙尔
■10 托璞鲁克
■9 尔罕
■8 ㊹ 叶尔羌
■7 ㊺ 坡斯坎木军台
■6 ㊻ 洛霍克亮噶尔军台
■5 ㊼ 胡玛台
■4 木济军台
■3 ㊽ 披雅尔满军台
■2 早注勒
■1 ㊾ 和阗

道光二十四年（1844）伊犁将军布彦泰开垦惠远城东阿齐乌苏荒地，引哈什河灌溉垦地，林则徐捐修水渠龙口工程，历时四月，长度六里有余。

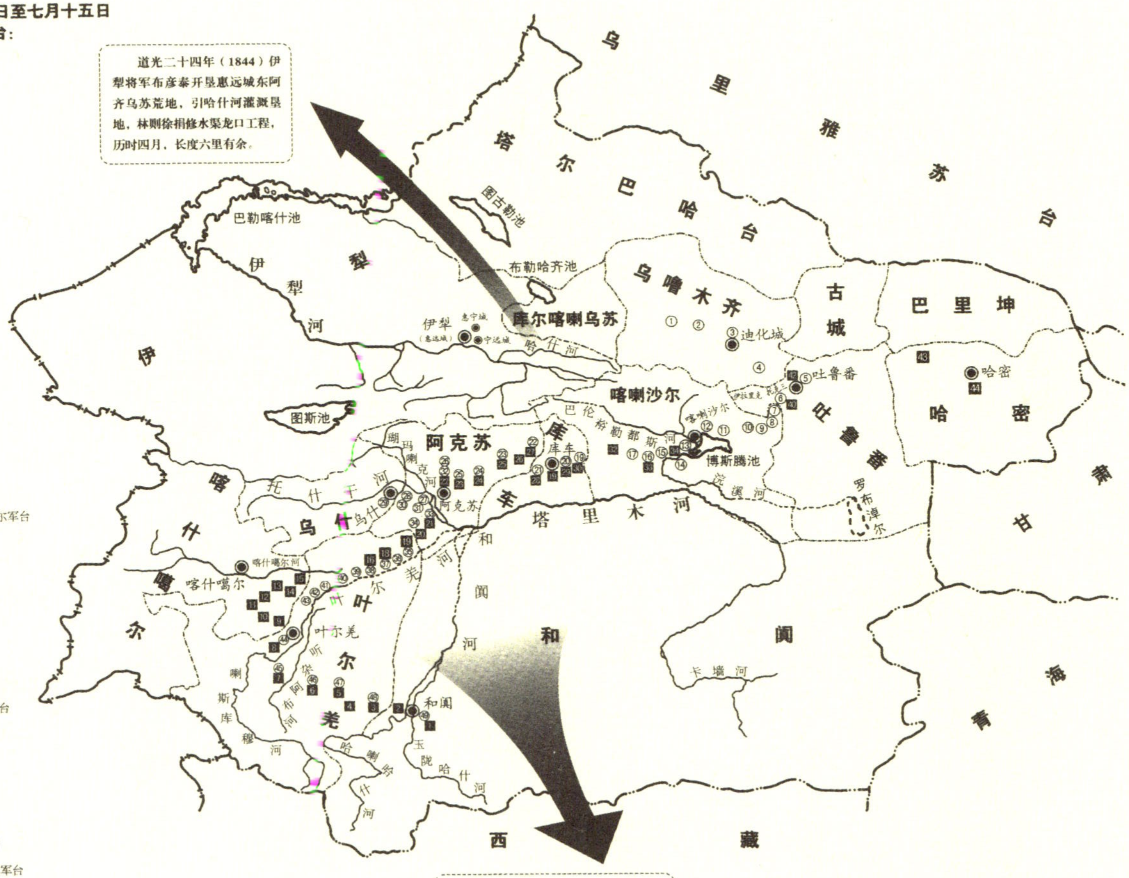

林则徐勘查南疆地亩，历时四月，经历十城六十七军台，行程七千余里，勘查垦地计六十八万九千七百十八亩，扣除伊拉里克十一万一千亩，实际南疆垦地为五十七万八千七百十八亩。

则徐家风放大为爱国主义精神的写照。

道光二十二年（1842）十一月初九日，林则徐以衰龄病体，风雨兼程，终到达伊犁惠远城。因一时无法适应西北边塞生活，加之劳累，林则徐在伊犁一度患病，但对于一个时刻以国家社稷为重，以百姓利益为先的人来说，在国家危难之际怎能安稳度日？故在休养一段时间，身体渐好之后，林则徐又以满腔热情投入到新疆建设之中。

在疆三年，林则徐以自己的阅历、学识及治水经验，协助伊犁将军布彦泰整治边疆防务、兴修水利，尤其是接到布彦泰传达朝廷“履勘南疆”的谕旨后，他并未考虑自己当时已是耳顺之年，只觉得这是为西陲备边防边贡献余力的时机，带着林聪彝“取道冰岭，即日南行”。南勘之路是艰辛的，林则徐不但要应对边疆风沙天气，不时涉水过桥、露坐而食、车中假寐，还要忍受原本就羸弱的身体带来的病痛，但这一切都抵不过那一腔报效国家的热忱，林则徐一路从伊犁出发，近半年的时间周历南疆八城，了解每一地的地理风情、兵员哨卡，每项工作都认真细致，随行的儿子林聪彝自然也参与其中，从林则徐的日记记载中可探知：

遍历回疆八城

与小汀分东西两边丈量，彝儿乘马带各回官引绳而行，每十丈为一标记，至晡时量毕。彝儿所量者居十之八九。

而在勘测沿途，林则徐目睹当地人民苦难的生活，在给大儿林汝舟的信中言道：

此次历尽八城，亲见其居处饮食之苦，男女老幼之愚，实在可怜。一人两个冷饼便度一日，桑葚枣杏瓜果一到熟时即便度饥，并两个冷饼亦舍不得吃。如此好百姓……

在信中也提及应将垦地给回民耕耘以固边安民，言辞之间无不流露出对百姓的怜悯，也表现出林则徐一贯的责任感及爱民之情。

福州西湖桂斋

一路随行，林则徐“到一城，查一城，上报一城”认真务实的工作态度，身处逆境却不屈服的意志，想必已深深印在儿子的脑海中，而林则徐处艰苦环境，笃实力行的作风，对林聪彝无疑是很好的身教。

道光三十年（1850），林则徐因病从云贵总督任上辞官归乡。此时的福州作为五个通商口岸之一，已是外国资本主

福州西湖禁烟亭

义势力入侵的半殖民地半封建城市，鸦片战争引发的金融危机及鸦片泛滥引发的社会问题也开始影响福州，许多洋货的倾销使福州许多商店相继关闭，“小民生计萧条”，而地方官府的软弱无能更是使百姓生活雪上加霜。林则徐看到家乡江河日下，百姓穷不聊生，痛心疾首。当英国侵略者违背约定强居福州城内乌石山的神光寺、积翠寺时，林则徐当即联合一批绅士，撰《福州士民致英国领事馆公启》交侯官县转致英国代理领事金执尔，要求按约“寄居港口”，退出城外。之后，林则徐与士绅联名上书福建巡抚徐继畲，提出让夷人迁出城外及加强兵备。其间，他还不顾病体虚弱，乘扁舟泛闽江查看五虎门、闽安海口形势，更是发动身边朋友写信给他们在京的官员反映情况，希望能入奏声援。此时的林则徐虽无官职在身，但一腔爱国热忱不减，由他所领导的福州反英人进城斗争可以说是林则徐反英斗争事业的继续，体现了他一以贯之的笃行务实作风。他将儒家“以天下为己任”的情怀融入林氏家风，虽身处江湖之远，然忧国忧民心不忘，始终谨记“保国安民”之初心。

3. 谨言慎行　廉洁自律

“不妄与一事，不妄取一钱”，幼时父母的教导早已根植于林则徐的内心。他谨记父亲处世严谨公正的教诲与母亲“珍食必却，美衣弗御”的勤俭，在晚清贪腐官场中谨言慎行，坚守“清廉”底线，以一桩桩事例、一封封家书教导子女自省自律、慎独慎微，他时刻提醒子女应勤学不辍、谦虚谨慎、崇廉尚俭。

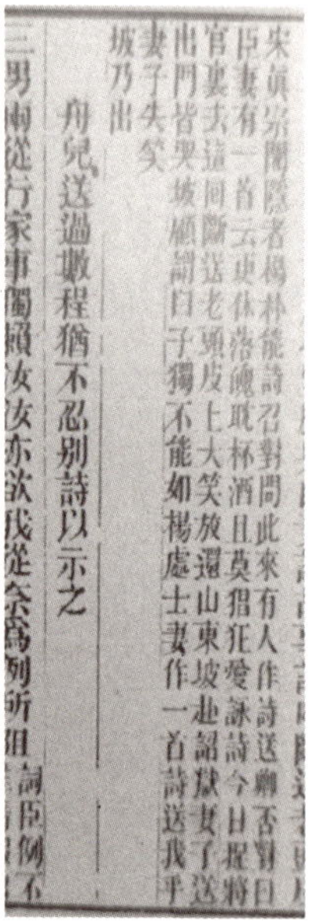
宋眞宗聞隱者楊朴能詩召對問此來有人作詩送行否對曰
臣妻有一首云更休落魄耽杯酒且莫猖狂愛詠詩今日捉將
官裏去這回斷送老頭皮上大笑放還山東坡赴詔獄妻子送
出門皆哭坡顧謂曰子獨不能如楊處士妻作一首詩送我乎
妻子失笑坡乃出
舟兒送過數程猶不忍別詩以示之
三男兩從行家事闔賴汝汝亦欲從我今爲例所阻詞臣例不

林则徐诗

道光二十二年（1842）七月，林则徐在赴戍途中得知林聪彝得一子，欣喜万分，信中不但表达了喜悦之情，还特别提及孙子满月时，千万不可收人贺礼，并嘱咐家人不要声张，低调行事。同时，还提醒当时在西安的林汝舟，其出关之时，前来送行的人都要亲自登门致谢，还特别提及其中有一位不知姓名的知县，也应查明并前往答谢。

未能相陪的林汝舟一心想来戍所陪伴父亲，但一直因词臣身份未能成行，林则徐在信中提醒：

> ……且带眷出关，除口外官员外，并无准带明文，只是近时带眷之人却皆未奉驳饬耳。在别人非不可行，而在我则必不可行。切嘱，切嘱！即吾儿出关，亦只宜一人两仆为妥……

可见，林则徐凡事思虑周详，处处谨慎。

对于他人的资助，林则徐也婉言谢绝，以正其身，用自己的实际行动给子女做表率。林则徐到伊犁后租住在位于南街鼓楼前的宽巷内，因房主敬佩林则徐为人，不肯收取其租金，林则徐只得以物赠之，抵租赁费用。

林则徐在寓所写的家信也常提及：

> ……所赁之屋，本许以每月十两，迨送去时，房东伊姓坚不肯收，只得送伊数件礼物。将来年节统计，恐送物转比租价为多也……

> ……房东不收房租，前已送以四物，俟年下仍备礼相送，大约与租钱相仿……

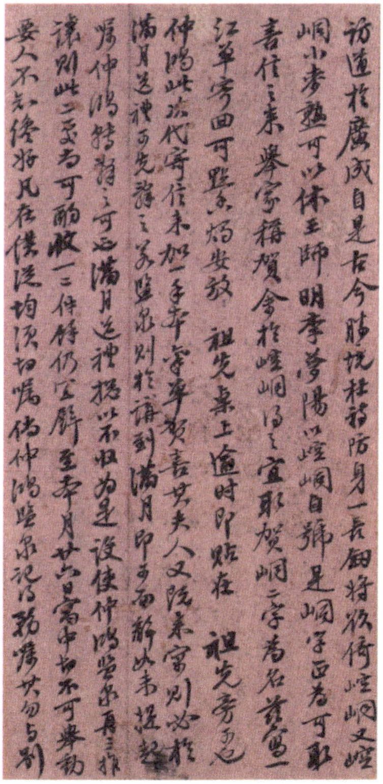

林则徐家书

林则徐处事一贯光明磊落、不贪私利，不因自身环境转变而随意收取他人馈赠，始终保持清正廉洁之本色。

赎刑是中国古有的法律制度，自古便有“金作赎刑”的传统，即犯人可用财物折抵刑罚。有清一代，“捐赎”，中央由刑部奏请，地方各省则由督抚出面奏请，最后由皇帝恩准。林则徐在伊犁戍所摘录的邸抄中，亦看

滇黔总制

到相关文档“伊犁、乌鲁木齐废员如有情殷报效，自愿捐资招募眷民者，准其禀明该管将军、都统，令其自行捐办，如能办及百户，由该管大臣奏请鼓励”等语。当时，伊犁将军布彦泰也准备为林则徐奏请捐赎一途，而江苏旧僚，特别是淮、扬一带同官旧属也积极替林则徐捐资纳赎，粤中茶商及扬州盐商等更是踊跃从事，集资数十万之多。但林则徐坚决反对这样做，他在写给时任陕西巡抚李星沅信中表明自己的立场：

虽此间统帅曾有推广赎罪之奏，奏交部议，而弟力不能为，亦决不肯为也。

林则徐将满腔热忱倾注到边疆建设之中，自愿捐办阿齐乌苏垦地，认修龙口工程，并声明“将来工竣，断不敢希冀乞恩”。林则徐彼时所写家信中也言及：

捐赎一事我们万万不为，非独为靖逆等造谣起见也。塞外却是避世之所，但留得身子，自有归期，讵肯为名实两伤之事？

对倡导及支持捐赎事宜的金安清、时任南河海防同知王莲舟、外南同知王国佐及同科进士、时任江南河道总督潘锡恩等人，林则徐还特地写信表达谢意，并坚定婉拒捐赎一事，在信中提到：

至同人所集之费，弟尚未能一一识之，已托其代为询明，分别归赵。

提及对于参与集资捐赎的人，林则徐特别请人代为查询，并请人将所集之财归还。可见，林则徐为人谨言慎行，脚踏实地，看清形势，对一切都泰然处之。他以务实的态度，投身边塞事业中，兴水利，垦荒固边，置生死于度外。道光二十五年（1845）十一月初四日，清廷命林则徐以三品顶戴署理陕甘总督，后来又先后任命陕西巡抚、云贵总督等职。

边塞三年，身为谪臣的林则徐并没有颓废沉沦，他以坚毅的品质、宽广的胸襟、坦荡的处事风格，坦然面对一切境遇，坚韧、豁达、务实的品格，给陪伴在侧的儿子做了很好的示范。

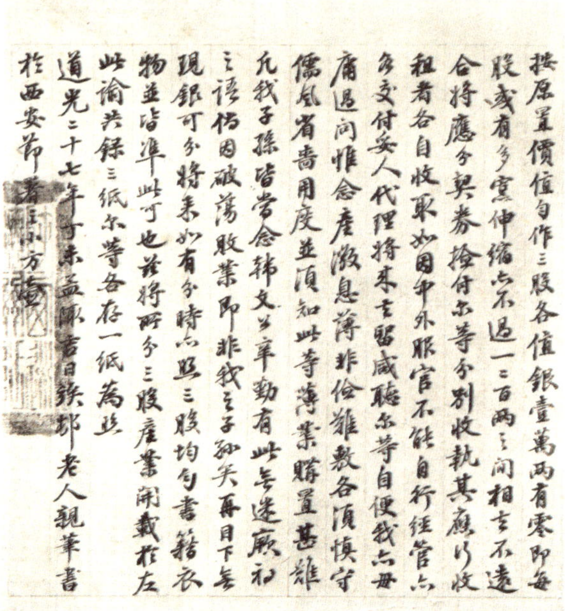
按原置價值自作三股各值銀壹萬兩有零即每
股或有多寡伸縮亦不過一二百兩之間相去不遠
合將應分契券撿付爾等分別收執其應行收
租者各自收取如因中外服官不能自行經管亦
可交付妥人代理將來去留咸聽爾等自便我亦毋
庸過問惟念產微息薄非儉難敷各須慎守
儒風省嗇用度並須知此等薄業購置甚難
凡我子孫皆當念締造之辛勤有此無忝厥初
之語倘因破蕩敗業即非我之子孫矣再目下無
現銀可分將來如有分時亦照三股均勻書籍衣
物並皆準此可也並將所分三股產業開載於左
此諭共錄三紙爾等各存一紙為照
道光二十七年丁未孟陬書自竢邨老人親筆書
於西安節署小方壺齋

林则徐《析产阄书》

道光二十七年（1847）正月，暂时离任养病的林则徐在西安节署小方壶斋为诸子写下《析产阄书》，对财产进行了分配。从分书的内容中可知，历经宦海30余年的林则徐，虽多次担任要职，辗

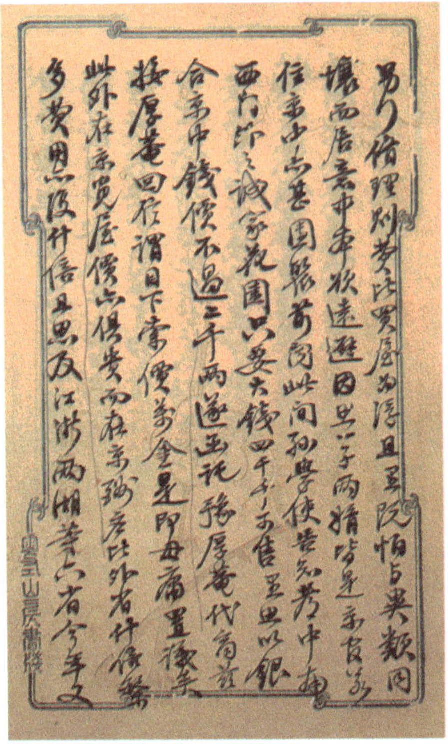

林则徐致刘齐衔信

转多地，却并未亲手经营田宅，家中财产多为其父母用他寄回家的俸银及其妻子郑夫人回闽时零星添置，前后合计亦不过田地十契，行店房屋二十三所，且并无现银，房产折现不过三万两有零。虽此时的财产比林则徐未入仕时有所增加，但在当时的封疆大吏中尚不足以称富裕。而在此分书中林则徐特别强调：即便是这些微薄财产也是来之不易，叮嘱三个儿子应慎守儒业，谨慎处理好自己所得到的产业，不要被世间繁华迷惑，谨记父辈创业之艰辛，不忘“读书治世”之初心，谨言慎行，勤俭持家，洁身自好，不可贪权贪利。

在云贵总督任上，林则徐因病奏请开缺，可对于晚年栖息之所却甚为担忧，原想大儿林汝舟与两个女婿沈葆桢、刘齐衔皆为京官，且询问得知京中南西门外，购置宅府不过大钱四千千（以银合京中钱价不过二千两），而福州文藻山故居年年遭洪水淹浸，多年失修，如果另行修理，则费用比买屋还贵，不如在京养老，也可合家团聚。故委托豫堃代为商买，可收到回信得知现在索价万金，实出林则徐料想，力所不及，后又考虑到在京应酬及其他因素，也比在其他地方多数倍，最后思索再三，打消了在京购房的念头，仍决定回籍寓居于文藻山旧屋内。作为一代封疆大吏，林则徐晚年居然为栖身之所而斟酌再三，这在那“三年清知府，十万雪花银”的年代，实在让人可敬可叹！

道光二十七年（1847）年底，与林则徐同甘共苦44年的妻子郑淑卿于昆明病逝，林则徐悲痛万分，给丁忧在家的大女婿刘齐衔信中，提及原本希望聪彝在家考试，拱枢携眷来滇，因母亲病逝，三子需分别从北京及福州赶来奔丧，但考虑到在家中的两个儿子均未经历大事，唯恐突闻噩耗，不知所措，故先行写信给他，希望由他转述此事，并代为安排二人来滇一切事宜。在信中，林则徐特别强调：

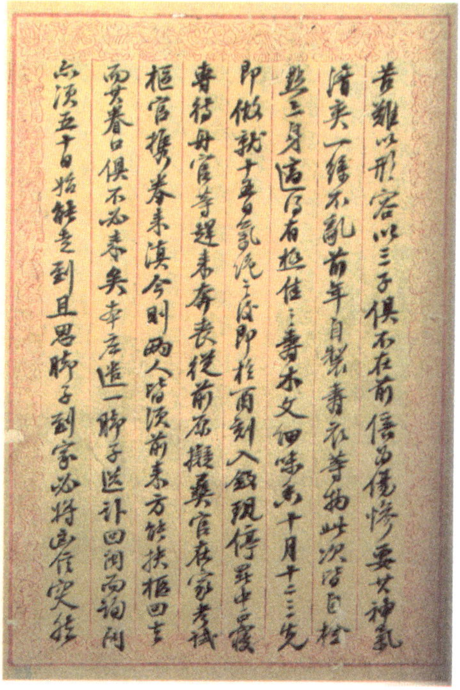

林则徐致刘齐衔信

所有闻讣后家中应行招魂、讣告、开吊等事，俱烦代为斟酌，指教彝官等勿失礼仪，但总以省俭为

林则徐字少穆号竢邨

主，一切不必张大。

对于同僚友朋的关心安慰，林则徐感动万分，但同时表明不收受任何资助，这在其给友朋同僚的信件中也多番提及：

滇、黔两省同人概不受赙。

凡亲串馈赠一概不敢拜登。

后因“山向不利”，郑夫人的棺柩暂时没有运回福州，一直到道光二十九年（1849）八月中旬，林则徐在长子林汝舟的陪侍下，带着郑夫人的棺柩，离滇东归。面对拥马惜别的云南同僚、绅士及民众，林则徐感慨万千，但仍坚辞为他设香火、镌迤西碑作纪念的举动，赋诗抒发惜别之情，并提醒云南同僚：

济艰幸仗同舟力，定远还资曲突谋。

莫恃征西烽火息，从来未雨合绸缪。

林则徐在离别之时，还念念不忘民族冲突，提醒当地官员安定边疆还需凭借大家共同的智慧与合作，不要以为当下平定就放松戒备，凡事都应未雨绸缪，提前做好万全准备。

林则徐是清朝的股肱之臣，是百姓心中的“清官”，亦是儿辈眼中的严父，他虽未给子孙留下丰厚的物质财产，可他所给予的却是世代受用不尽的精神遗产，以言传身教传递的良好家风。

三、梅鹤家风继世长

“知先人之在此堂，毋忘手泽；愿后嗣克承厥训，善种心田。”林则徐清廉勤俭家风，不但影响着林氏子孙，也浸润着世人的心灵。他“苟利国家生死以，岂因祸福避趋之”的爱国情怀，“求通民情，愿闻己过”的民本思想，“海纳百川，有容乃大”的豁达胸襟，“但当保涓洁，弗逐流波奔”的清廉操守，历经岁月的洗礼愈发熠熠生辉，如同天空中永恒的“林则徐星”闪耀着夺目的光芒。

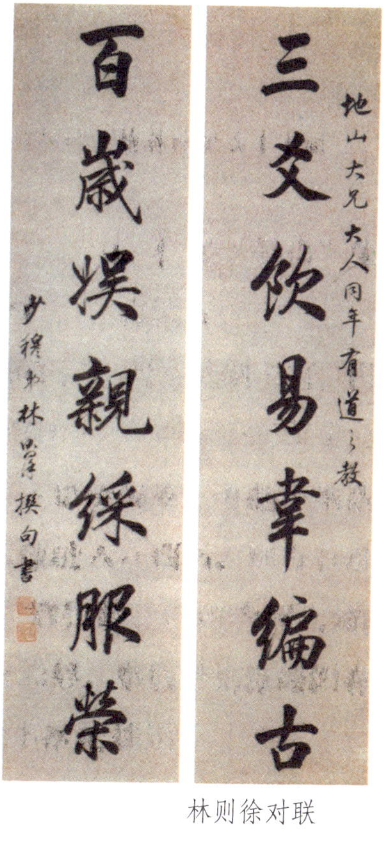

林则徐对联

1. 德厚流光　百年传承

时光飞逝，年轮流转，林则徐家人及子孙世代谨守梅鹤家风，使良好家风在春风化雨、循循善诱、身体力行中源远流长。

(1) 谨守家训　培育后辈

郑淑卿

郑淑卿(1789—1847)，福建侯官(今福州)人。晚号绛红楼老人，善诗书。父郑大谟，字青墅，乾隆五十五年(1790)进士，官河南永城县令。

《闽侯县志》载：郑氏，总督林则徐室。则徐以粤事议戍，有门下士官陕，迎谒，微露不平，见则徐谈笑自若，不敢尽其言，退谒郑夫人曰："甚矣此行也！"夫人曰："子毋然！朝廷以汝师能，举天下大局付之，今决裂若此，得保首领，天恩厚矣！臣子自负国耳！敢惮行乎?"尝赋《述怀纪事》七古二章，以手稿寄则徐，有"他日归来事农圃"句。

缪氏

缪氏(佚名)，云南昆明人。道光二十九年(1849)林则徐纳为侧室。缪氏入门时，林则徐嘱咐子女与家人必须善待之如郑夫人。林则徐告疾返乡时，缪氏随之回福州，住文藻山老宅直至逝世。

(2) 传承家风　回馈社会

林则徐忠孝、淡泊、仁爱、勤奋的家风延绵至今，其后人亦秉承良好家风，无论在国内还是侨居国外，在各自工作岗位上勤奋上进、克己奉公，不计较个人得失，以自己的智慧和力量为社会做贡献。

林汝舟

林汝舟（1814—1861），字镜帆，号楫之，林则徐长子。道光十八年（1838），考中戊戌科进士，殿试位列第二甲第六名，选庶吉士，散馆授翰林院编修。

《闽侯县志》载：林汝舟，道光戊戌科进士，改翰林院庶吉士，散馆，授编修。则徐遣戍，汝舟例不得随侍，故以两弟从，则徐薨于军，服阕，汝舟升侍讲。湖北巡抚胡林翼疏荐帮办江南大营军务，未赴，卒。

林聪彝

林聪彝（1824—1878），字听孙，林则徐次子，故居为现宫巷24号。早年"有经世之志"，曾辑《先儒格言》。

林聪彝像

《闽侯县志》载：聪彝字听孙，随父戍伊犁。则徐旋奉命勘办开垦事宜，历库车、阿克苏、乌什等八城，皆以聪彝从。聪彝闻见日广，成《西行日记》。道光卅年，则徐卒于军，聪彝奉丧归。服阕，应召入都引见，以郡庠生赏举人，授内阁中书。假旋，道苏州，两江总督留办团练赈抚事宜，擢员外郎。胡林翼疏荐人才，以聪彝名上闻。同治元年，左宗棠抚浙，奏保聪彝堪任司、道，特授衢州府知府，充闽浙总粮台提调。两浙郡县沦陷殆尽，倚衢为重镇，军资咸仰给焉。事平，以功擢道员，署浙江按察使，录囚多平反，捕治嘉湖枪匪尤力。匪首李世贤陷龙岩，左宗棠檄大军赴援，聪彝请白海道济师，不旬日至，遂以平贼。改署杭嘉湖道，督修海塘，与工役共劳苦。又委办戴镇汛缺口石塘工程，前后凡五年，抢办险工，朝夕露处，寖以病湿移疾归。

林拱枢

林拱枢（1827—?）卒年未详，字心北，林则徐三子，赐举人，历任内阁中书、刑部主事、员外郎、湖广司郎中、监察御史、汾州知府等职。

《闽侯县志》载：林拱枢字心北，父丧服阕，由吏部带领引见，以县学生赏举人，补内阁中书荐升刑部主事、员外郎、湖广司郎中，前后十余年，自主稿迄总办秋审处。传古亭疑，平反冤狱，全活甚众。擢江南道监察御史，巡视西城，转广西道，历署兵科掌印给事中、京畿道、山西道、河南道监察御史。光绪元年，拱枢以东方隐忧端在日本，疏言："日本步武欧西，兵竞而岛蹙，岛蹙必思辟，兵竞必思逞。台湾孤悬海外，而我国海军不足恃，日一伸脚，台非吾有也。请以重臣镇之。"时国家方中兴，天下无事，上下不甚警省，嗣以京察一等，简放山西汾州府知府。汾阳之田仰水于文峪，文峪壅，则汾田不可复治，二县民常构大讼。拱枢到官，持平决之，用父则徐遗法，条陈浚河事宜，大府韪而行之，汾田乃累岁大稔。汾民每以腴田种罂粟，严禁之。

汾人谓土燥不宜桑，无治蚕者。拱枢曰："诗云：'彼汾一方，言采其桑。'汾固宜桑，何弃之？"令植桑数百万本。未几以未疾告归。

沈葆桢与林普晴画像

林普晴

林普晴（1821—1873），字敬纫，林则徐次女，生于道光元年（1821）八月十五日，祖父以是夜月明如昼故名之曰"普晴"。及长，嫁其表兄沈葆桢。沈家贫穷，葆桢中举之后入京会试资斧无着，普晴乃脱金镯以充盘缠。文肃公在《室人林夫人传略》中记有："是岁，葆桢计偕，鬻金条脱治行，以蜀滕代之，后虽贵，弗易也。"咸丰五年（1855）沈葆桢上任广信知府后到河口筹饷，适逢太平军杨辅清部连克贵溪、弋阳，进逼广信，林普晴刺血修书向浙江玉山总兵饶廷选乞援，广信之围遂解。《清史稿》林普晴入《列女传》。

林普晴与沈葆桢结缡34载，悉心协助夫婿功成名就之后，于同治十二年（1873）夏得病，是年八月十五夜亥时与世长辞，享年52岁。

刘齐衔

刘齐衔（1815—1877），号冰怀，又号冰如，林则徐长女婿。道光二十一年（1841）与其兄齐衢同榜进士，授户部主事。咸丰四年（1854），授湖北德安知府，后调任襄阳、汉阳知府，任上"躬节俭，裁漏卮，撤私税，徕商贾"，民得少安。湖北巡抚胡林翼对他十分器重，委其兼汉黄德道。市舶初开，外国人谋据大别山，刘齐衔认为大别山临汉阳，扼武昌，地理形势重要，予以拒绝。同治元年（1862），擢陕西督粮道，旋代理布政使兼总粮台，刘齐衔看到民物凋敝，请求蠲免赋税，民力稍纾。同治六年（1867），升任浙江按察使，又升河南布政使。任上"绝弊惩强"，力改腐败之风，同时"修学校，清交代，勘垦荒"，数年之内，岁增正杂二十余万。光绪三年（1877），河南大旱，库储支绌，刘齐衔请免粮贩输税，因呈报太迟，与法令不合，部议办理失当，被免职。不久，病卒于开封。光绪十四年（1888），河南巡抚倪文蔚根据其历官治绩和当时办灾实况，奏请"雪其事，恢复原官"，诰授荣禄大夫。

沈葆桢

沈葆桢（1820—1879），原名振宗，字翰宇，又字幼丹，

闽江口五虎门

福建侯官县（今福州市）人，林则徐的外甥、女婿，故居为宫巷 26 号。晚清时期的重要大臣，政治家、军事家、外交家、民族英雄，中国近代造船、航运、海军建设事业的奠基人之一。著有《居官圭臬》《沈文肃公政书》。

沈葆桢为道光二十七年（1847）进士，选庶吉士，授编修，后任江南、贵州道监察御史，江西九江知府、广信知府、广饶九南道加按察使衔、吉南赣宁道、江西巡抚等职。同治五年（1866）经闽浙总督左宗棠保荐，授总理船政大臣。主政期间，马尾船政制造“万年清”等 15 艘船舰，并为国家造就一大批科技人才和海军骨干。同治十三年（1874），日本政府以琉球船民在台湾遇害为由，派兵登陆台湾社寮港，占据琅王乔，擅建都督府，清廷命沈葆桢到台湾巡视，兼办各国通商事务。沈葆桢乃率师入台，部署防务，加强战备，在与侵台日军司令西乡从道的照会中宣布“中国版图，尺寸不敢与人”，遏制了日本侵占台湾的行动，使他们

五虎门

不得不派代表同清廷谈判，最后签订和约并撤出台湾。之后，沈葆桢加强台湾的行政管理，奏请将福建巡抚移驻台湾；增设恒春县；分南北两路开山辟道，招徕内地人民开发山区；宣布编户口、禁仇杀、立总目、垦荒地、设番塾（学校）等七条约法；引进西洋机器，开采台北煤矿；兴建郑成功祠，发扬民族正气；修筑城垣，增强防御力量。光绪元年（1875），沈葆桢升任两江总督兼南洋通商大臣，督办南洋海防。任内修河堤，行海运，筹积谷，拔罂粟，减税收，整盐务，禁厚殓，修炮台，固防务，平冤案，选贤能。后因积劳成疾，于光绪五年（1879）卒于两江任上，清廷追赠太子太保，谥文肃。

林步荀

林步荀（1863—1936），字蓉史，林则徐的孙女，林聪彝的五女。她幼承家学，娴习诗书，精于绘画书法。及笄时嫁予沈葆桢之第七子沈琬庆。1905 年，42 岁的林步荀赴日本留学，入女子师范学校，被女同学公推为班长。随后参加了孙中山先生在东京组织的同盟会，与秋瑾女士同为最早的女会员，开中国妇女参加革命活动的风气之先。1907 年，秋瑾不幸遇难牺牲，林步荀闻讯后至为愤激，召集女同学集会抗议，于追悼会上慷慨陈词，痛斥清政府，上书质询浙江巡抚，提出强烈抗议，听者咸为动容，连日本人士亦咸表钦仰。

林步荀从日留学返国后，流寓于南京、上海间。1911 年，其独子沈纲因病在南京去世，突遭丧子之痛，乃过继沈葆桢第三子磷庆之孙觐泰为孙，亲自教诲，管教甚严。林步荀擅长吟诵诗词，但她不教觐泰作诗，而引导其向科技方面发展，觐泰 17 岁时，她就延聘名师蔡延培在家教授化学，冀望将来对国家建设有所裨益。

1936年，林步荀逝世于上海，享年73岁。1982年由她孙子沈觐泰、侄孙女林寄华整理的林步荀《卧云仙馆诗集》在美国出版，留下了200余首诗篇，这是她的宝贵精神传承。

林炳章

林炳章（1874—1923），字惠亭，林则徐曾孙，林聪彝之孙、陈宝琛女婿，世居宫巷。光绪二十年（1894），中甲午恩科进士，点翰林，后为翰林院编修。光绪二十九年（1903），委为钦差大臣回闽考察宪政，提出兴建因当时建祠经费被中和钱庄拖欠和李玉成亏损而延搁的林则徐专祠，发动捐资促成其事，并于祠建成之际，撰写《专祠落成记》。光绪三十一年（1905），林炳章丁忧回籍，决心兴办实业，遂投资十万元，在苍霞洲银元南局兴建福州电力公司。翌年，任福建师范学堂副监督，不久转任福建高等学堂监督，兼任“去毒总社”社长，负责组织戒除鸦片烟毒，后赴北京任邮传部丞参。

辛亥革命后，出任福建军政府盐政督办。民国三年（1914），林炳章主持兴办福州市政及水利，疏浚西湖、兴建公园，开拓鼓楼至大桥头7.5米宽的三夹土干道和几条支路；收回西湖被占土地；倡议重修《西湖志》。1916年，任福建省财政厅厅长。1920年5月，出任闽海关监督，集资

40万元，在夏道开办实业公司，生产酒类、皮革等。1922年10月，再任福建省财政厅厅长，次年又获蝉联。当时闽省财政极度困难，但他对教育经费，都尽量先拨付。1923年，炳章因患小肠炎去世，年仅49岁。

林轼垣

林轼垣（1876—1955），林则徐曾孙，林拱枢孙、林子东的伯父，因无子女，林子东过继给他。在北洋水师学堂学习外语，毕业后从事外交工作，曾任北洋政府驻英使馆随员，驻英属新西兰和驻加拿大温哥华等地领事。抗日战争时期过着颠沛流离的逃难生活，经济艰难。南京汪伪政权的“外交部长”梁鸿志知道林轼垣的外交才干，企图拉他入伙。林轼垣丝毫不为高官厚禄的诱惑所动，严词拒绝：“林文忠公的子孙不当汉奸。”

林步随

林步随（1880—1944），字季武，号寄坞，林则徐曾孙，林拱枢孙。光绪二十九年三甲九十六名进士，授翰林院编修，赴美任留学生总监督，曾在美国芝加哥西北大学攻读法学。回国后，曾任北洋政府国务院秘书长、铨叙局（相当于现在的人事局）副局长、币制局副总裁、税务专科学校校长等职。北伐战争以后弃官从商，决心走实业救国道路，把一生积蓄的十余万大洋全部投资办实业，先后办过太原长途汽车公司、通县电气公司、煤矿、日化等公司。

林　翔

林翔（1881—1935），字璧予，林则徐曾孙，林聪彝之孙，父庆祺以优贡任教谕、训导终其身。童年丧母，自小奋发上进，成庠生后入福建法政学堂，旋东渡日本，获明治大学法学博士学位。在东京加入同盟会，回国后执律师业，继在厦门地方法院及福建省高级法院任职。

1918 年 3 月，林翔应召任大元帅府广东高等检察厅检察长，5 月改任军政府检察厅检察长；1923 年 9 月任陆海军大元帅大本营审计局局长，后兼财政委员会委员；1925 年 6 月 30 日代大理院院长，7 月兼任法制委员、惩吏院（翌年改称审政院）委员，10 月 9 日任特别刑事审判所所长，翌年兼法制编审委员会委员、司法行政委员会委员。1927 年 6 月，任中央法制委员会委员，10 月任军政厅军法处处长，面对立法委员刘三冤狱，他不顾蒋介石以刘三忤其意，欲置死地的授意，审时度势，据理脱刘于难，朝野震动。11 月 5 日任国民政府监察院监察委员。翌年 11 月 13 日擢任最高法院院长。林翔生性梗介，急公仗义，不畏权贵，兢业唯谨，断狱

福州市林则徐纪念馆御碑亭

持平。1933 年 3 月 3 日，任考试院铨叙部部长，1935 年7月 5 日因脑溢血卒于任上，年仅 54 岁。

林恩溥

林恩溥（1893—1933），字维希，林则徐曾孙，林聪彝之孙。1922 年毕业于日本东京帝国大学，获土木工程学士，任中国工程师学会会员。当时政局混乱，国势衰微，他胸怀振兴实业、励志报国的宏愿。

1924 年，林恩溥被任命为福建省建设厅技正兼福州市公务局局长。为改造福州旧城、整顿市容殚精竭虑，做了很大贡献：一是修建道路，首先将市区中部南北走向，北起鼓楼前南至万寿桥的主干道（今八一七路）进行拓宽改造，全长 5115 米，原路宽 4—6 米，改造后达 15 米，路面除中亭街部分为石板铺砌外，均为水泥混凝土铺设。同时，将东西城区街道的石板道改为沥青或水泥路面，并不同程度加宽，方便车辆与行人。二是修建万寿桥（今解放大桥），万寿桥横跨闽江，通行能力差，经改造在原石梁结构基础上加建钢筋混凝土结构，由日本大和工业合资会社承包，于 1930 年 12 月动工，1931 年 12 月竣工，桥长 335 米、宽 9 米，其中车行道 6 米，该桥建成后使全省南北交通大为改善。三是兴建码头，福州港地理位置优越，上溯闽江，下接入海口与国内外港口相连，是东汉以来我国海外交通的重要港口。但当时福州港口历史悠久，基础设施非常落后，遂在台江汛江滨开辟兴建六座码头泊位，使福州市成为 20 世纪 30 年代我国东部沿海重要滨海城市之一。此外，他在兴办教育和福州西湖公园建设等方面也做了许多工作。

林家溱

林家溱（1891—1965），字汾贻，林则徐第五代孙，三子林拱枢的曾孙，林纾门生。林家溱早年毕业于日本东京大学政治科，历任福建省教育厅科员，罗源、平潭、永泰等县教育局局长，协和大学编辑，福建学院讲师，福建省文史研究馆馆员。林家溱博洽多闻，著述甚多，有《云左山房诗注初稿》《张亨甫年谱》《福州坊巷志》《闽画纪》《魏子安年谱》《观稼轩笔记》《拥尘室读书记》《于山集》《读易别录》《闽中沿革表》《七石斋琐语》等。

林家溱（右一）与友人合照

林家溱生平雅好藏书，其在南后街文儒坊口开的“宝宋斋”旧书铺中收藏有数十箱珍贵古籍，其中最为珍贵的是先人林则徐著作、手稿及旧藏。郁达夫知其家多藏书，曾在日记中写道：“林汾贻氏，为文忠公后裔，收藏亦富，当改日去伊家一看藏书。”1936年，受沈祖牟之邀，林家溱于宫巷22号与郁达夫相识，从此两人便成为挚友。郁达夫在前往新加坡之前将心爱的2000余册书转赠他和沈祖牟、陈几士（陈宝琛的长子）。

1962年，林家溱将珍藏的林则徐父亲林宾日《析产阄书》（道光六年十一月初三日立，林则徐弟霈霖收执原件，旧藏林家溱家）、林则徐自撰《先妣事略》《使滇吟草》《〈使滇小草〉选批——〈云左山房诗钞校录〉代序》、家书原件四件，林则徐手书拓本《题太真墓》、楹联各一件，林则徐《云左山房诗钞》木刻板若干片捐献给福州市林则徐纪念馆。

林崇墉

林崇墉（1907—1983），林则徐第五代孙，生于福州。

他自幼聪慧过人，年仅14岁即远赴欧陆，肄业于比利时布鲁塞尔中学，后返国就学于中法大学，后又留学法国，1933年以最优等获巴黎大学法学博士。他撰写的《日本在东北之地位与权利》，将日寇侵华野心昭示于国际，获巴黎大学论文奖，法国学术界权威将该论文列为国际丛书之一。

林崇墉回国后，曾在商务印书馆及中华书局翻译名著；

1939年任中央银行经济研究处专门委员；抗战胜利后，任中央银行台湾特派员，又调任贴放委员会主任秘书，负责调配贷款，支援民族工业的发展；1948年，任中央银行业务局局长，维护海峡两岸金融局面。上海解放前夕，毅然拒命撤往台湾，留守职位，协助解放后央行业务及员工之移交，使国内金融不至于在过渡时期混乱，殃及百姓。事成后自行引退，离沪往香港寄居。

1956年由港赴美国，入加州大学作文史研究工作。1959年受聘赴台湾任“国防研究院”经济学讲座、“中央银行”顾问、“中国银行”董事等职。晚年任教于“中国文化大学”，为第一任经济系主任，为该系树立规模，桃李满门。

他客居香港时，即着手编撰文忠公传记，广集中外有关资料，反复印证，十余年数易其稿。1967年，所著数十万言《林则徐传》在台初版，书中概括先祖林则徐人格和作风，士林称重，获中山学术著作奖。书中对先祖林则徐“文忠一生任事而不牟利，尽瘁而不热中，临难而不退避，受屈而不怨尤”的精辟概括包含了对家风的一种肯定与自豪。

刘永业

刘永业（1909—1995），林则徐第五代外孙。1933年毕业于上海复旦大学工商管理系，后随父、叔合办“公泰”“公大”两公司；1936年独资办“建纪行”任经理并兼电话公司会计主任；1946年回闽办众兴实业公司并兼任福建电子公司

董事，以实业救国；曾任福州市工商联秘书长、主委，福州市民建主委，福州市政协副主席、福州市人民政府副市长，福建省工商联主委，全国工商联常委，第一届福建省政协常委，第二、三、四届福建省政协常委，第五届全国政协委员，福建省民建副主委，福建省工商联副秘书长、副主委、名誉会长，第五届福建省人大常委会委员，第六届福建省人大常委会副主任兼财经委员会主任，第七、八届福建省人大常委会副主任。

刘永业热心社会公益事业和保护消费者权益活动，积极倡导用法律保护消费者的合法权益，由他主持起草经福建省人大常委会审议通过的《福建省保护消费者合法权益条例》，是我国第一部关于保护消费者权益的地方性法规，受到广大消费者的好评，在全国产生了较大的影响；他关心环境保护工作，呼吁全社会加强环境与资源保护，对促进福建省环境保护工作起到了有力的推动作用。刘永业重视建立地方性金融机构和企业股份制的改革，较早提出改革的设想，并为之做过不懈的努力。晚年，刘永业仍尽职尽责地搞好各项工作，为福建省民主法制建设，为坚持和完善人民代表大会制度，为发展和完善中国共产党领导的多党合作和政治协商制度做出了不懈的努力和积极的贡献。

林百川

林百川（1913—2000），林则徐第五代孙。15岁时，跟随十四叔林翔到南京，先后在十九路军和朝鲜领事馆工作；新中国成立前在行政院物资供应委员会任职；新中国成立后先在华东革命大学学习，期满后分配在上海银行工作，后调到上海市吴淞二中任教，经常结合课本，向学生宣讲先祖林则徐虎门销烟事迹及其爱国唯民的高贵品质，现存有林则徐长孙林洄淑的长卷《孤笠双鞋图》。

林纪东

林纪东（1915—1990），林则徐第五代孙，生于福州。1930年入北平朝阳大学法律系，20岁以优异成绩毕业。旋东渡日本，于明治大学专攻行政法。1936年任中央政治大学讲师，继即晋升为教授，从此开始五十余年教学生涯。

1949年到台湾，执教于台湾大学，1958年膺选为台司法机构第二届大法官，连任三届，至1985年任满退休。纪东初任大法官时仅44岁，为司僚中最年轻者。历第三届至第四届，多数大法官非为其学生，即属后辈，均称之为老师而不及职衔。大法官会议受理案件，多富争辩性质，仁智各见，每赖其协调折中，化解歧见，未成僵局。其析理至当，语皆中肯，众所钦服，亦属重要原因。大法官任内，林纪东仍兼台大、“政大”教授及司法官训练所讲座，并先后于中兴大学、东吴大学、辅仁大学授课。对青年学子启迪教诲，循循善诱，奖掖有加，裁成甚众。本其所学，研究不断，著作不辍，出版法学论著20余种。

终其一生，林纪东教育后进授业解惑，著书释法研究理论创新，大有贡献于社会，至其为学不厌，守正不阿，尤为人所乐道。1990年6月20日积劳病逝于台北，颇受褒扬。

林心贤

林心贤（1916—1967），林则徐第五代孙，生于日本东京，后随父亲林恩溥返闽求学。1933年，考入天津北洋大学土木工程系，积极参加学生爱国运动，宣传抗日。

抗战爆发后，林心贤奔赴山西，入抗日游击干部培训班，毕业后到五台山地区工作。1938年加入中国共产党，先后任中共代县县委组织部部长、宣传部部长、县委书记，兼中共崞县县委书记、分区组织部部长。他“立场坚定，杀敌勇敢，成绩卓著”，为党组织与人民武装做出很大贡献。

抗战胜利后，林心贤历任张家口市花园发电厂厂长、石家庄电力公司经理、石景山发电厂厂长，为北京和平解放与新首都的建设贡献力量。他顶住所谓“不尊重苏联专家，个人英雄主义”压力，组织修复了6号机组。1951年起，林心贤历任华北电管局副局长、全国电力建设总局副局长、电力部电力设计总院院长兼党委书记，组建全国电力修建局、全国电力建设公司，并兼任局长、经理，先后主持了当时全国几乎所有大型火力发电厂项目的设计、施工、安装工作。

1958年起，林心贤历任中国科学院长春机电研究所第一副所长兼党委书记、电工研究所所长兼党委书记，中国科学院党组成员。他积极筹建电工研究所，组织研究出达到当时国际最先进水平的发电第一批新技术。

林心贤一生爱国敬业，任劳任怨，光明磊落，艰苦朴素，为新中国电力事业的发展做出永不磨灭的贡献。

李　良

李良（1917—1969），原名林曾同，字同甫，林则徐第五代孙，生于北京。李良幼承家教，擅长书法，16岁考入北京燕京大学外文系，攻读英国语言文学，并自修德语、法语。“九·一八”事变发生，他臂戴“国耻”黑纱，上街游行、演说，号召抗日救亡。1938年毕业后，在德通社等处

李良夫妇与五个子女

担任翻译工作。

1940 年前后，李良弟、妹凌青（林墨卿）、傅秀（林锦双）、林子东相继参加中共地下抗日组织，他的家遂成为秘密联络点，并为地下组织保存过电讯器材，掩护许多进步学生奔赴抗日根据地。1945 年，李良在北京参加中共华北城工部，先后打入北平西苑军用机场和天津美国新闻处开展地下工作，多次获取美蒋重要军事、政治情报。1947 年加入中国共产党。

新中国成立后，李良任天津市公安局侦察组长、副科长，先后带领公安干警侦破过多起敌特颠覆活动案件。后出任公安学校副主任，南开大学英语教研室主任、外文系副主任等职，培养出许多优秀的外语人才。1965 年，经中共中央批准，奉派出境执行重要任务，他深知艰险，给家属“青山处处埋忠骨，何必马革裹尸还”留言。十年动乱期间李良在天津被打成“国际间谍”，但无论遭到多么残酷的折磨，他对党和国家的机密始终守口如瓶，一字不露。1969 年 7 月 18 日李良被迫害致死，年仅 52 岁。

十年动乱结束后，李良冤案得以彻底平反。1977 年，天津市人民政府追认李良为革命烈士。1978 年 7 月 18 日，公安部发出通知，号召全国公安干警学习“公安战线的英雄”李良的无私无畏，宁死不屈，坚决保卫国家机密的英雄行为。

林纪焘

林纪焘（1919—2007），林则徐第五代孙，曾担任福建师范大学俄语课、公共英语课、英语讲读课及英语写作、翻译的教学，福建师大外国语学院第一届硕士研究生导师，福建外文学会理事，民革成员。其独译、合译和审校的翻译成果丰富，包括《联合国文件1974—1978》、《丘吉尔二战回忆录》第四卷、《罗斯福与霍甫金斯》《俄国外交政策的一世纪（1814—1914）》《基督教简史》《大洋洲地区手册》《德国近代文学史》《林钦差与鸦片战争》《罗易回忆录》和《国际事务概要》等。

1943年，国民政府教育部代军事委员会外事局征调专科以上学校在校学生充当通译人员，他遵照先祖林则徐“苟利国家生死以，岂因祸福避趋之”的遗训，毅然报名申请上缅甸前线担任翻译。经过严格的考试和激烈的竞争，林纪焘成为私立协和大学录取者六人之一，从桂林转滇受训后，穿越中缅边界的驼峰，进入史迪威将军的前线指挥部，先在缅甸密支那的美军北战区前方指挥部担任翻译，后转到美军野战医院，前后在缅甸战场辗转一年，授少校军衔，当时年仅26岁。

抗战胜利后，林纪焘在国内各地担任译员、编辑、翻译和英语教师的工作。1973 年福建师范大学成立，回母校任教。1979 年改革开放刚刚实行，当时外语教材奇缺，林纪焘在外语教学中首开先河创设英美“纪实文学”课程，被国内外知名学者盛赞是我国英美纪实文学研究的奠基者。

林纪焘收藏林则徐的遗墨甚多，热心林则徐著作的出版。他一生为人谦和、淡泊名利、生活简朴、为人低调、不事张扬，在中国的动荡年代，他一直牢记祖训，传承着先祖深厚的爱国主义精神，投身教育事业 60 多个春秋，翻译文字不下百万，为祖国的独立与进步贡献了一份光和热。

傅　秀

傅秀（1921—2001），原名林锦双，林则徐第五代孙女，

系林子东胞姐。1940 年就读于燕京大学护预系，1941 年在校加入中国共产党，从事党的地下工作。1942 年赴晋察冀根据地参军，先后担任晋察冀军区政治部宣传部编辑，晋察冀三分区学委会秘书，城工部训练组教师。解放战争期间，历任华北联大教务处秘书，晋察冀军区干部子弟学校校长；后担任华北军区政治部宣传部干事。新中国成立后，任华北军区航空处组织干事，1953 年转业后任北京医院党总支副书记，中央党校历史教研室讲师，地质部政治部政工研究室主任，

1982年离休。

傅秀从小受家庭熏陶，满怀民族爱国情操。在校期间即担任学生读书会主席，积极组织发动同学投身抗日救亡活动；曾主持晋察冀军区干部子弟学校（北京八一学校前身）筹建工作，并担任首任校长；担任北京医院专职党总支副书记期间，吸收许多青年知识分子入党，为医院技术人才队伍建设做出了贡献。离休后，她关心教育下一代，经常受邀到部队、学校为战士和学生进行革命传统教育，多次受到干休所表彰。

林子东

林子东（原名林玉偶），林则徐第五代孙女，林拱枢的曾孙女。1921年10月生于北平市，生父林步随，嗣父林轼垣。

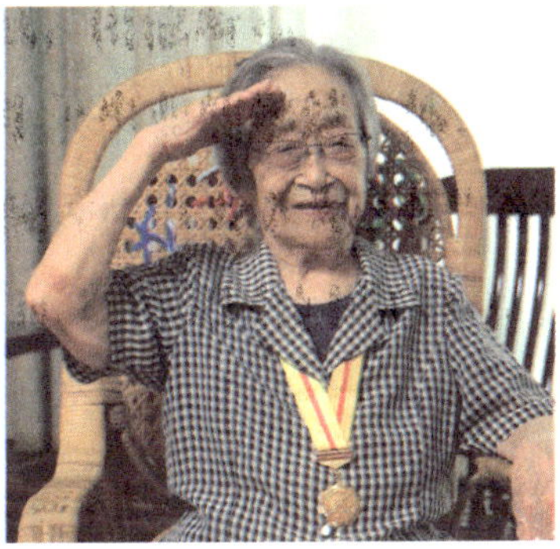

1938年，林子东入读上海华东女子中学高中。1940年9月林子东考进上海沪江大学教育系，一年后转学考入北京燕京大学历史系二年级。1941年冬，第二次世界大战爆发，燕京大学被日寇封闭，林子东重返上海。1942年4月通过中共地下党的引导，林子东从上海越过日寇封锁线，到达新四军一师所在的苏中敌后抗日根据地江苏如皋县，从此走上了中国共产党领导的革命道路。

在苏中敌后抗日根据地，林子东先被分配在苏中行政公署文教处编审室，为抗日根据地教育编写课本，后被派到苏中一分区的高邮县政府做文书工作。1942 年冬被调往新闻战线，在苏中一地委的《湖东报》《前哨报》任编辑。1943 年 9 月加入中国共产党。

1944 年 4 月，林子东调到苏中区党委的《苏中报》，在报社通联科和新华社苏中支社工作。她除了联络通讯员、编写稿件、向新华总分社发稿之外，还承担辅导培训新记者工作。

1945 年 8 月，日本投降后，中共华中分局在淮阴创办《新华日报》（华中版）并建立新华社华中总分社。林子东调到新华社华中总分社报道科任副科长。

1946 年，解放战争全面爆发，林子东被派到苏中九分区新华社九支社任副社长。九分区辖南通、如皋、海门、启东四个县，紧邻南京、上海，是国民党军必争之地。斗争十分艰苦。林子东和九支社的同志重新过起游击战生活。她和支社同志坚持把当地人民争取解放斗争的英雄事迹报道出去，为此不计牺牲。他们的工作得到了新华社华东总分社领导陈笑雨同志的表扬。

1949 年 4 月，中国人民解放军取得渡江战役胜利。林子东和苏中一批新闻工作者渡过长江进入无锡，建立了《苏南日报》和新华社苏南分社。1949 年 5 月，上海解放。中共中央华东局组建南下福建的新闻干部队伍，林子东任新华社福建分社采编副主任，进军福建。1949 年 8 月 17 日，福州解放，林子东当即发出《新华社福建前线十七日电》，第一时间向全国宣告福州解放的重大喜讯。

1949 年 8 月 22 日，新闻队伍到达福州，林子东实际担负起新华社福建分社重任，带领全体同志完成采访、撰写、编审并向新华总社发稿任务。自福建日报创刊后第二天起，就有许多来自新华社福建分社的信息。

1950 年 6 月，林子东调《厦门日报》任副总编辑。1951 年 1 月，林子东调厦门人民广播电台，为第一任台长。1953 年 6 月，林子东调中共福建省委宣传部任办公室副主任。

1954 年 11 月，林子东调福建人民出版社任副社长兼总编辑。她任职十余年期间，福建出版事业从无到有，从小到大。她致力于编好书，出好书，出人才。1961 年林子东被福建省总工会授予“福建省文教战线劳动模范”光荣称号。1995 年 4 月中共中央宣传部出版局编辑《出版家列传》，其中《一位女出版家的足迹》记录了她的事迹。

十年动乱结束后，1980 年 1 月，林子东调到福建社会科学院任副院长，并创办了福建首册社会科学理论刊物《福建论坛》。1984 年 7 月，林子东调到福建社会科学界联合会任专职副主席。1993 年林子东离休。

1995 年 11 月林则徐基金会在福州成立，林子东任常务理事。她为弘扬林则徐爱国主义精神，在林则徐研究、遗址保护、著作出版、纪念馆建设、文艺作品创作、宣传展览、

福州乌石山神光寺遗址

政协提案等方面做了大量工作。其间，林子东组织、推动了《林则徐全集》（六卷十册）的编纂出版，推动福建省林则徐研究会的改选并恢复开展活动。她和啸马两个离休老人在古稀之年亲自执笔撰写了《民族之魂林则徐——林则徐生平事迹简述》，由海峡文艺出版社 2007 年出版，该书被中共福建省委宣传部列为福建省农家书屋的读物。

林子东 1959 年起历任福建省政协第 2 届、第 3 届委员会委员，福建省政协第 5 届委员会常务委员、科技工作委员会副主任；1988 年任全国政协第 7 届委员会委员。1983 年，林子东被选为中国妇女第五次全国代表大会代表。1987 起她在福建省新四军研究会历任理事、第 6 届常务理事。2015 年，中共中央、国务院、中央军委向她颁发中国人民抗日战争胜利 70 周年纪念章。

林元准

林元准（1922—1994），林则徐第五代孙，曾任华东支前公路修建委员会福建分会指挥所工程指挥、福建省交通厅公路局福清路段副段长、福建省交通厅运输局建筑工程处技术负责人、福建省交通厅计划处工程师、汀江水电工程局总工室工程师、福建省电力设计院火电室

副主任工程师，荣获福建省劳模称号。

1985 年，林元准调任华能福州分公司副经理、福州火电厂建设指挥部副总指挥，参加华能火电厂第一期两台 35 万千瓦发电机组的初期筹建工作。在施工中，他曾修改原日方设计的排水方案，节约了费用，缩短了工期。他设计的储量 25 万吨煤场，将日方方案提高 10 米高度，节约 200 多万元费用。他提出将排水涵开挖施工改为沉井施工，创造了当时全国最长的连续沉井。由于他对华能福州电厂做出的卓有成效的贡献，福建省人民政府授予他“一九八七年度重点建设省级二等功臣”称号。

林心组

林心组（1922—2016），林则徐第五代孙，黄埔军校第

17 期步科毕业。曾先后担任国民党第 80 师 240 团见习排长，国民党第 9 预备师排长，国民党第 28 军军部副官，国民党第 28 师野战医院副官，国民党整编第 44 师排长、谍报组长，国民党独立师 150 团连长，国民党独立 50 师师部少校参谋等职。曾奉命前往杭州参加抗战胜利受降工作。

1949 年 9 月在北京中央燃料工业部干部学校筹备处总务科当事务员；10 月光荣参加开国大典，参与维护秩序的保卫工作；1950—1982 年在河北省石家庄市井陉煤矿工作，获得长期从事煤炭事业荣誉证书。2015 年作为抗战老兵获得由中共中央、国务院、中央军委颁发的中国人民抗日战争胜利 70 周年纪念章。

林桢墉

林桢墉（1922—2011），林则徐第五代孙，福建省著名书画家，福建省书法家协会会员。曾获得 1999 年中国工商银行全国离退休人员书法评选一等奖和“中国书画百杰”称号。

林桢墉书法作品丰富，他的部分作品被《中日友好书法展》《1987—1998 中国书法选集》《中国书法全集》《中国当代百位实力派行书名家精品集》《中国书画名家名作选集》收录，更多次被中国徐霞客研究会、韩国碑林园等各大收藏机构珍藏。2008 年为汶川地震灾区举行的大型赈灾义卖活动中，林桢墉专程送出其最常书写的两件作品，一件是“苟利国家生死以，岂因祸福避趋之”，一件是《观操守》，表示“我不能去汶川，

但可以献出一份心意”。

凌　青

凌青（1923—2010），原名林墨卿，林则徐第五代孙，18岁就读于北京燕京大学，参加中共地下党，从事抗日救亡运动。1942年，因遭日本人追捕，化名离开北京到聂荣臻领导的晋察冀边区。1944年到延安，被分配到中央军委办公厅外事组，曾负责美国政府派驻延安的军事观察组的接待和联络事务。

凌青递交《中英联合声明》

新中国成立后，凌青被任命为外交部美澳司美国科科长。朝鲜停战，谈判开始，随李克农、乔冠华前往开城板门店，担任参加谈判的中国人民志愿军代表团的机要办公室主任。1974年，作为中国出席联合国第三次海洋法会议代表团团长，同委内瑞拉政府谈判建交成功，随后出任中国驻委内瑞拉首任大使，曾四次担任安理会主席。

1980年至1985年，凌青任中国驻联合国首席代表，以知识广博、风度儒雅被外国使节誉为“学者大使”。他处理外交事务，重视多边外交，认为多边外交与双边外交是相辅相成的，在处理有关国际和平与安全的重大问题时，没有多边协商是很难解决的。1981 年第 36 届联大改选联合国秘书长，凌青代表中国政府坚决支持来自第三世界国家的秘书长候选人。由于中国和其他国家的努力，联合国秘书长这一职位长期以来多由西方发达国家担任的局面被打破，从德奎利亚尔开始，多个发展中国家代表得以登上联合国秘书长的席位。在凌青主持外交部国际条法司和担任常驻联合国代表期间，中国先后加入了联合国很多专门机构和组织，并同联合国开发计划署等机构建立了关系，扩大了中国在联合国的活动领域。

1985 年，时任中国常驻联合国首席代表的凌青代表中国政府，与英国常驻联合国代表汤姆森大使一起将《中英联合声明》递交给联合国法律事务部，完成《中英联合声明》在联合国登记的法律手续。正是这份声明，宣告中国将于 1997 年 7 月 1 日恢复对香港行使主权。香港回归前夕，凌青写了一首题为《庆祝回归，缅怀高祖》的七绝，以告慰先祖林则徐，诗曰：粤海销烟扬我威，但悲港岛易英徽。国耻家仇今日雪，只缘华夏已腾飞。

林纪熹

林纪熹（1923—2016），林则徐第五代孙，1941 年考入福建协和大学，就读期间应国民政府教育部代军事委员会外事局征调专科以上在校生充当盟军翻译员的抗战号召，与其胞兄林纪焘先生报名参加。1944 年夏深入江浙前线为盟

军翻译，为世界反法西斯斗争贡献了自己的一份力量。

林纪熹一生潜心科研，著书立说，长期从事英国语言文学教学与研究，硕果累累，先后参加了厦门大学外文系组织编撰的《英语成语词典》《袖珍英汉双语词典》等多部词典的编写工作，翻译审定外交部委托翻译的联合国文件，为厦门大学南洋研究所翻译和审校书稿，应陈伯翰之邀为商务印书馆翻译经济学书稿等。曾荣获厦门大学“教育科技先进工作者”称号、华东地区大学出版社优秀教材学术专著奖，2006年获中国翻译协会表彰，被授予“资深翻译家”荣誉称号。

林纪熹于1957年任教厦门大学外文系，历任各年段教研组长、系工会主席；1959年任厦门大学外文系教研室主任；1972年国家恢复大学教育，林纪熹教授得以重返教学岗位；1978年改革伊始，国家急需选派专业人才出国进修，林纪熹参与厦门大学出国人员培训班英语培训工作，为出国留学人员打下了坚实的英语基础；1980年陪厦大副校长出访美国、日本14所名校，联络国外校友学者，增进厦大与国外大学的交流；1986年外派任职英国卡迪夫大学中国研究中心，在英国开展中国文化和中文教育，举办中英贸易讲座，发展了厦门与姐妹城市——英国卡迪夫市的商业联系。在英期间，林纪熹还受到中国外长吴学谦、英国前首相希思、英国外交大臣杰弗里豪等的接见，同时他还利用他的影响，为当地华侨办事，深受当地华侨届的尊重。

林纪熹一生胸怀坦荡，治学严谨，待人诚恳朴实，平易近人，关心支持青年教师的成长。他对祖国无限热爱，对教育事业无限忠诚，奉献了自己的毕生精力，受到来自全球历届外文院友的尊敬与感谢。

林铮墉

林铮墉，1925 年出生于福州，林则徐第五代孙，致公党中央委员。曾任上海市第八届人大代表、上海市第七届政协常务委员，列席了第八、九、十届政协会议，为第一批享受国务院津贴的专家。

1944 年，在国家危难时刻，林铮墉毅然投笔从戎，参加了青年远征军，保家救国。抗战胜利后，去了厦门大学法律系学习，大学毕业后成为地下党隐蔽战线上的一名战士，胆大心细地完成上级组织交给他的每一项工作。

1954 年 10 月，林铮墉服从组织安排，从香港回到上海参加祖国建设。在上海华东煤矿设计院工作，成为煤矿建设战线上的一名预算工程师。1964 年随单位内迁至江苏徐州工作；1981 年初调上海专利局工作，任处长、局长。通过专业测试，取得上海市第一批律师资格证书。1984年初，上海恢复各民主党派组织，林铮墉被调至致公党上海市委参加组织筹建工作并加入致公党，任秘书长、副主委直至离休。工作之余，积极参加各种社会活动，了解社情民意，为政府工作建言献策。

2015年，林铮墉荣获由中共中央、国务院、中央军委颁发的中国人民抗日战争胜利70周年纪念章。

王世真

王世真（1916—2016），生于日本千叶，林剑言（林则徐玄孙女）之长子，林则徐第六代后裔。生物化学家、核医学家，中国科学院院士，中国核医学奠基人，被学界荣称为“中国核医学之父”，曾被选为全美化学荣誉协会及全美科学荣誉协会会员、世界核医学联盟委员、亚太地区核医学联盟顾问。获加拿大邦丁奖、全国科学大会成果奖、“五个一工程”优秀作品奖、北京市灵山杯优秀报告奖、《生命与健康》再生人杯金奖、中国科学院荣誉章、中华医学会“突出贡献奖”、中华核医学会“杰出贡献奖”及终身成就奖、美中核医会“优异成就奖”。

王世真1937年毕业于清华大学，后获美国衣阿华大学硕士及博士学位，历任衣阿华大学放射性研究所副研究员，

中国协和医科大学教授，中国医学科学院首都核医学中心主任、放射医学所名誉所长，核医学国家重点实验室学术委员会主任等。1980 年当选为中国科学院学部委员，1998 年转为资深院士。他在甲状腺素的研究中开拓了结构和功能关系的研究新领域，在国内合成扑疟母星，研究、合成并生产了多种标记化合物。他在实验核医学与临床核医学的结合方面的研究，如放射免疫显像、稳核素的临床应用等，提高了对某些疾病的诊断与治疗的效果，推动了基础医学与临床医学的发展。他去世后将遗体捐赠医学界，为中国医学界做出了最后贡献。

林徵祁

林徵祁（1917—1990），字涵静，林则徐第六代孙。抗日战争爆发后，投笔从戎，转入中央军官学校十五期班学习。1939 年毕业后，历任部队底层军官、参谋；1946 年调入中央通讯社，从事助理编辑、编辑、编译工作；1949 年随社移台北；1953 年为社驻朝鲜特派员，采访朝鲜战争新闻；1955 年至 1971 年转任该社驻美国纽约分社记者，专责采访联合国新闻；1972 年升任纽约分社特派员；两年后调回台湾，历任副社长、社长，《香港

时报》董事长，中国国民党党史会副主任委员，中央日报医理董事长等职，曾获华夏奖章、力行奖章、实践奖章等。

林徵祁常以不辱祖先声名自勉，一贯清廉，凡事但求尽心尽力，秉持原则。他常说："可以不做官，不能不做人。"

林寿琦

林寿琦，1937年出生，林则徐第六代孙，曾任福建省统计局工交处副处长、处长，综合处处长，福建省统计局副局长，为福建省政协第六、七、八届委员。

林寿琦在宏观经济分析研究中取得一定成绩，在中共福建省委《调研内参》、福建省政府《发展研究》、福建省政协《政协通讯》、福建省社科联《福建论坛》等刊物上都登载过论述文章。1991年被评为高级统计师；1992年被国家统计局授予"全国统计系统模范工作者"荣誉称号；2000年他应邀率福建省统计学会代表团访问台湾，开展统计学术交流，开启新中国建立后闽台两地统计交流的先河。

2001年，林寿琦当选福建省统计学会会长，致力于学会建设和推进统计科研工作。2003年，66岁的林寿琦退休后仍继续参与局内论文评审及资料编辑等工作。2009年福建省统计局请他担任《福建省志·统计志》（1996—2005）

总撰，历时三年完成了52万字的志书统稿工作。2012年志书出版时他已在统计岗位默默耕耘了60年。

林鸿汉

林鸿汉，1941年出生，林则徐第六代长房长孙，原南京金陵石化职工子弟学校校长，中学高级教师。1993年调入金陵石化公司职工大学任教。

工作之余，林鸿汉积极向社会各界宣讲林则徐的爱国主义精神，达百多场。2001年退休后，心系禁毒事业的林鸿汉，成为全国著名的禁毒宣传员，曾先后在南京、上海、北京、新疆、湖南、福建、广东做禁毒宣传报告近三百场。2006年，被评为首届“全国十大民间禁毒人士”，并在中央电视台作禁毒访谈；2007年被评为“南京好市民”和“感动南京十大人物”提名奖；2009年再次被评为“全国优秀禁毒志愿者”；2014年被评为“南京市优秀志愿者”；2016年，获评“南京最美禁毒人”特别奖；2018年被评为“最美平安志愿者”。他将父亲林百川生前未完成的《林则徐南疆垦戍小记》，进行整理后出版，易名为《林则徐轶事》，成就父子合作的一段佳话。

林　岷

林岷，1941年出生于重庆，林则徐第六代孙女。中国戏

曲学院研究员、教授，北京市文史研究馆馆员。曾任民盟区委副主委、民盟市委海外联络委员会副主任、民盟中央海外联络委员会委员，北京市妇女联合会台港澳委员，中国和平统一促进会国内理事。2016年，中国文化管理协会聘请林岷教授为林则徐研究委员会会长。

林岷曾在海内外开展30多项弘扬先祖活动，并多次应邀赴海内外大学讲学及参加国际学术研讨会。发表论文数十篇，主要有《古希腊的戏剧及其演出》《欧洲文艺复兴中的绘画艺术》《中国文献档案记载中的欧洲传教士马国贤》《历史上的包拯与舞台上包公戏》《林则徐经世匡时思想与传统文化》《林则徐的反侵略军事思想》《林则徐与于谦》《林则徐的婚恋观与家教》《沈葆桢开发台湾、保卫台湾的贡献》等，并应海内外报刊之约，写了数十篇各类时文；出版专著《历史与戏剧的碰撞》（2004年被台湾艺术院校与高校艺术系列为教材）、《中国文化史概述》；与他人合作出版《中国历史大事本末》《中国古代著名战役》《林则徐与澳门》《林则徐与中国图录》等，点校《林则徐使粤督粤奏稿》《林则

徐回疆竹枝词》(香港出版)。

教学伏案之余，林岷积极投身社会活动，致力于宣传林则徐精神。1997年，应中央电视台之邀参与拍摄系列电视《中华文明之光·林则徐》；多次组织海峡两岸专家学者开展学术交流；两次组团到新疆，沿着林则徐足迹寻访考察宣讲；香港、澳门回归前夕，林岷宣讲《伟大的爱国主义者林则徐与港澳历史》专题报告近200场；2013年，应北京电视台邀请参与拍摄《非常接触·林家传奇》专题片。担任林则徐研究委员会会长期间，林岷以宣传林则徐精神为己任，先后在国内参访十多个城市及港澳，并出访马来西亚、印尼、菲律宾、韩国、缅甸等，大力宣传林则徐精神。

林　强

林强，1943年出生，林则徐第六代后裔。中国民主建国会会员。1965年9月厦门大学化学系毕业并参加工作，曾在天津纺织工学院、福州大学化学化工系担任教师，副教授职称。1990年8月至1997年12月先后担任福州市政府副秘书长、市长助理、副市长。1998年1月至2008年1月担任福建省人大常委会副主任。任第十届、十一届全国人大常委会委员。历任全国、福建省、福

州市人大代表、政协委员；曾担任民建中央常委、民建福建省主委、民建福州市主委，中华职教社常务理事、福建省职教社主任；任第二届、第三届林则徐基金会会长。

作为民主党派的代表性人士，林强十分注重履行参政议政职能。在第十届全国人大一次会议上，他领衔提出了《关于制定终身学习法的议案》《关于在刑法中增设“非法干预出生人口性别罪”的议案》及《关于加强妈祖文化的研究，促进祖国统一大业》等建议。林强十分关注海峡两岸交往问题，在十届全国人大一次会议期间，接受中国新闻社记者采访，迫切希望两岸实现真正的“三通”，积极拓展闽台双向交往，开展学术交流等活动。

林强担任林则徐基金会会长以来，积极与福建省林则徐研究会、福州市林则徐纪念馆等相关机构密切联系，整合各方力量，搭建林则徐研究、宣传平台，通过出版书籍、策划展览、开展学术讨论等形式扩大林则徐精神宣传。2008 年，建立“林则徐基金会”网站，利用新媒体拓宽宣传渠道；2009 年，参与策划开展“纪念林则徐虎门销烟 170 周年”系列活动；2010 年，举办“福建省纪念鸦片战争 170 周年论坛”；同年 10 月，林则徐基金会第一次走出国门，与澳大利亚多家华人社团联合，在墨尔本、悉尼两个城市成功举办《中华民族英雄林则徐生平史迹展》；2012 年，林则徐基金会与福州市林则徐纪念馆联合开展“唱林公精神，颂民族大义”为主题的林则徐征歌活动；2013 年，林则徐基金会牵头在福州召开“林则徐水利思想研讨会”，林强主编出版《林则徐水利思想研究》一书；2015年，策划、推动“纪念林则徐230周年诞辰”系列活动，还推动了《清宫林则徐档案汇编》（30册）的编纂出版工作，该丛书目前已出版20册；编写并刊发《茶香绕庭——林则徐和茶》（读书笔记）等文章。

林强以林则徐名言“苟利国家生死以，岂因祸福避趋之”作为自己的座右铭，秉承先祖爱国为民、勤学、淡泊家风，以赤诚之心努力弘扬、宣传林则徐爱国主义精神。

林　坚

林坚，1943年出生，林则徐第六代孙，曾任扬州商检局副局长、江苏出入境检验检疫局认证监管处调研员、中威质量认证咨询公司副总经理。1983年至2008年，先后担任五届扬州市人大代表、政协常委、江苏省政协委员（第八、第九届），多次被评为先进工作者和优秀公务员。

林坚长期以来从事出口食品生产企业的监督管理和检验把关，致力于食品企业安全质量体系的建立。他在中华人民共和国出入境检验检疫系统工作29年，防止了不合格

产品的流入和流出，是我国第一代出口肉类及其制品、出口速冻方便食品检验标准的起草者之一；第一批出口食品生产企业卫生注册国家级主任评审员；数十次作为中国的检验检疫官参与接待日本、英国、新加坡、俄罗斯、美国、巴西等官方代表对江苏食品企业的考察，促成更多企业获准上述国家的注册和登记备案，从而带动了江苏省农畜食品的持续稳定出口，被誉为“林氏三代把守国门卫士”。

作为民族英雄林则徐的后人，林坚不忘祖训，撰写《林则徐使粤督粤未刊奏稿》《林则徐与炮书》《林则徐与扬州》《林则徐与魏源的〈海国图志〉》《林则徐画像》《林则徐与魏源》《林则徐与北京》等论文；多次为学校、机关干部做“弘扬林则徐伟大爱国主义精神”专题讲座；组织在江苏的林公后裔开展纪念活动，将林则徐精神广泛传扬。

林祝光

林祝光，1950 年出生，林则徐第六代孙女。林则徐基

金会副会长，林则徐后裔联络组组长。退休前任中国工商银行福州分行屏东储蓄所主任、交通银行福建省分行处长、支行行长、高级专务、经济师，福建

省政协常委，为福建省五一奖章获得者，荣获福建省劳动模范、福州市第二十一届劳动模范、全国金融系统劳动模范等称号。退休后，她热心宣传林则徐的爱国精神和清廉家风，积极投身禁毒事业，带领基金会工作人员到福州戒毒所看望戒毒人员，向戒毒所青少年介绍林则徐的禁毒故事和生平事迹，参与筹划林则徐禁毒展并赴世界各地展览，多次组织林则徐后裔参加纪念林则徐活动等。

林　地

林地，1951 年出生，林则徐第六代孙。1987 年获美国约翰霍普金斯大学国际公共政策硕士，曾荣获“全国新长征突击手”称号。1969 年—1978 年，河北隆化山湾公社插队知青；1978 年—1980 年，公安部一局干部；1980 年—1994 年，中国社科院外事局项目主管、副处长、副局长；自 1994 年至今，先后任中国国际文化交流中心、中华文化交流与合作促进会、中国改革开放论坛、国家创新与发展战略研究会等社会团体、智库的秘书长、副理事长或高级顾问等职。

高　福

高福，1961 年生，林则徐第六代后裔，林拱枢第四代孙女（林武）的女婿。病原微生物与免疫学家，中国科学院院士、第三世界科学院院士、爱丁堡皇家学会外籍院士、非洲科学院院士，中国疾病预防控制中心主任，第八届国家自然科学基金委员会副主任。曾先后主持多项国家重大科研项目，并担任国家 973 项目首席科学家，国家自然科学基金委员会“创新研究群体”项目负责人，先后获得国家科技进步奖特等奖、一等奖、二等奖，中华医学会科技奖一等奖，中华预防医学会科学技术奖一等奖，北京市科学技术奖一等奖等。还获得日本日经亚洲奖、第三世界科学院医学奖、俄罗斯加莫里亚奖章、何梁何利科学技术进步奖等。

高福主要研究方向为病原微生物跨种间传播机制与分子免疫学，以及全球公共卫生政策与策略等，曾在国际顶级杂志《Cell》（细胞）、《Nature》（自然）、《Science》（科学）、《The Lancet》（柳叶刀）、《New England Journal of Medicine》（新英格兰医学杂志）等上发表科学论文。

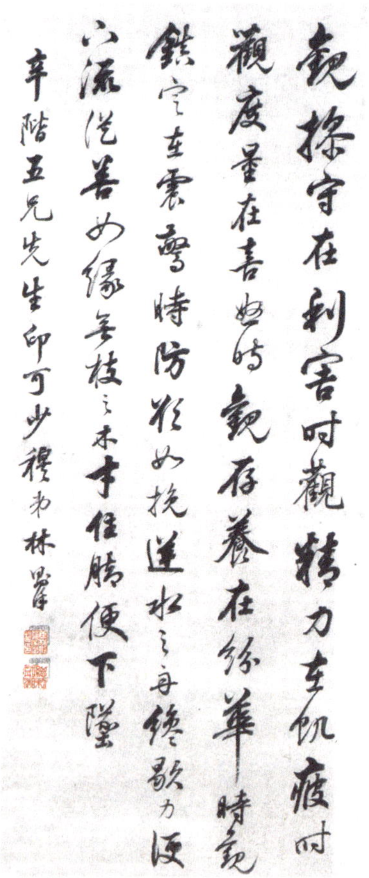

林则徐书《观操守》

“观操守在利害时，观精力在饥疲时，观度量在喜怒时，观存养在纷华时，观镇定在震惊时。防欲如挽逆水之舟，才歇力便下流；从善如缘无枝之木，才住脚便下坠。”林则徐晚年所写的《观操守》可说是他戎马生涯中自我修养的总结，也是他人生的写照，同时也传递着家族一脉相承的“淡泊、仁爱、勤俭”操守、家风，他的子孙后辈也一直延续着良好家风，传递着中华民族永恒不变的精神特质。

2. 功垂竹帛　踵事增华

林则徐生于乾隆末年，历官嘉、道两朝，曾位至封疆大吏，也曾陷入革职西戍的低谷，但面对人生的起伏、境遇的落差，他以海纳百川的胸襟，壁立千仞的坚毅，以清正廉洁、勤奋严谨、亲民爱民的从政作风，成为社稷之重臣，百姓之清官。

道光三十年（1850），林则徐以钦差大臣身份赴广西平息天地会起事，行至广东潮州普宁时病逝，讣讯传开，“一时朝野叹惜，虽走卒妇孺，无不蹙然以丧公为悲”。咸丰帝发布上谕：

林则徐著加恩晋加太子太傅衔，照总督例赐恤。历任一切处分，悉予开复。应得恤典，该衙门察例具奏。伊子编修林汝舟、文生林聪彝、文童林拱枢，均著俟服阕后，由吏部带领引见，候朕施恩。

予祭葬并谥文忠，并御制挽联：

答君恩，清慎忠勤数十年，尽瘁不遑，解组归来，犹自心存军国；殚臣力，崎岖险阻六千里，出师未捷，骑箕化去，空教泪洒英雄。

林则徐墓

朝中同仁及后人或诗或联以表哀悼与纪念：

忝司楚北学，小草珠露浦。
入都复别公，公言洋政难。
治河方奏绩，远戍臣力惮。
满朝谁尸谏，只手障云端。
六诏将星坠，海内发长叹。

——朱兰《侯官林文忠公》

出师中道驻锡鸾，痛失人间第一官。
赎愿自身星祭葛，供教千社象雕檀。
高谈去日遗音在，伟略今时再见难。
此后望碑长坠泪，闽山群作岘山看。

——桂超万《哭少穆先生用首韵》

报先帝而忠陛下，两朝开济属宗臣，表续出师，千古英雄同下泪；佐天子以活百姓，万口欢呼起司马，家传画像，四方妇孺亦知名。

——胡林翼

附公者不皆君子，间公者必是小人，忧国如家，二百余年遗直在；庙堂依之为长城，草野望之若时雨，出师未捷，八千里路大星颓。

——左宗棠

作为在中国近代有着重大影响的历史人物，林则徐身上闪现着许多中华民族优秀的品质，他的精神、他的品格、他的涵养、他的胆识、他的气魄、他的智慧，无不蕴含着淡泊、仁爱、勤奋的家风，他言传身教，将此良好家风点滴传承，他的后人更是恪守优良家风，勤学不辍、自强不息。

好家风是一种积淀、一种传承、一种激励，蕴含着中华优秀传统文化的基因，林氏家风不仅展现了民族英雄林则徐非凡的人格魅力和崇高的思想境界，其中更蕴含着中华优秀传统文化的智慧之光，既折射出“讲仁爱、重民本、守

福州林文忠公祠

林则徐家风展

诚信、崇正义、尚和合、求大同”的传统文化魅力，又契合当下倡导的“富强、民主、文明、和谐、自由、平等、公正、法治、爱国、敬业、诚信、友善”的社会主义核心价值观。

2015 年以来，福州市林则徐纪念馆为贯彻习近平总书记“注重家庭、注重家教、注重家风”的指示精神，弘扬中华优秀家风家训传统文化，结合时下文化热点，倾心打造了“清廉自律　慎守儒风——林则徐家风展”。展览以生动、翔实的图文资料和实物，围绕“言传身教，润物无声”“静以修身，俭以养德”“功崇惟志，业广惟勤”“德厚流光，百年传承”等不同主题展开，全面介绍了父母、师友对林则徐成长

《林文忠公政书》

过程中的影响，以及林则徐如何以实际行动秉承林家忠孝、仁爱、淡泊、勤俭的家风，以讲故事、举事例、引名言的方式，集中展现林则徐幼年家教故事、家训格言、家书、对联等内容，力图体现林则徐家风家训的精髓，让观众们深刻感受林则徐非凡的人格魅力和独特的家风内涵，从中汲取力量，涵养良好社会风气，传递了满满的社会正能量，引起了社会热烈反响和高度评价，各大媒体、网络争相报道。

2014 年 4 月 5 日，在中国传统祭祀节清明当天，由福州市文化新闻出版局主办，福州市林则徐纪念馆承办的“慎终追远，缅怀林公——我们的节日·清明”主题活动在福州市林则徐纪念馆树德堂举行。CCTV1 和 CCTV13 的《朝闻天下》栏目并机现场直播该主题活动；CCTV13 的《新闻直播间》栏目亦对该主题活动现场直播，并通过连线访谈等形式，展示林则徐爱国爱民、清廉刚正的风范。同期，福建电视台《午间新时空》也进行了相关现场直播。

2015 年 1 月 5 日，《福州日报》第 8 版“探访闽文化的精神力量”专栏介绍林则徐手书《十无益》格言。

2015 年 4 月 5 日，结合清明节，由福州市文化广电新闻出版局主办，福州市林则徐纪念馆承办的“我们的节日”暨“扬先烈精神，颂爱国情怀——向林则徐塑像敬献鲜花”主题活动在树德堂举行，前来的群众以简朴而庄重的仪式表达了对民族英雄林则徐的敬意与缅怀。

2015 年 7 月 25 日，福州晚报与福建省妇女儿童活动中

福州市民缅怀林则徐

心、福州市关工委、晋安区妇联联合主办的“福州晚报外来工子女夏令营”走进福州市林则徐纪念馆，学习林则徐家风家训。

2015 年 8 月 20 日，由福州市文化广电新闻出版局主办，福州市林则徐纪念馆、林则徐后裔联络组承办的“林则徐后裔书画展”在林则徐纪念馆开展。

2015 年 8 月 25 日，由福州市纪委推荐、福州市林则徐纪念馆倾心打造的“福建林则徐：一代忠贞垂史传”专题在中央纪委监察部网站首页头条位置推出，成为该网站系列专题“中国传统中的家规”第九期内容，引发了强烈的社会

反响。专题采用图集、文本、视频播放的形式，以短片“志存高远，慎守儒风——林则徐家风家训励后人”和“从一封家书看清廉本色”“林则徐家规：采访札记”及林则徐家规释义、专家观点等内容，详细而生动地诠释了民族英雄林则徐垂范后世的家规家训。

2015年8月28日，林则徐出生地“少年林则徐展”完成更新，充分展示林则徐27岁中进士前，在福州出生、读书、中举的经历，并结合林家传统的家风家训扩充展览内容。

2015年8月31日至9月1日，海峡都市报采访林则徐后代、研究学者等，对林则徐家风家训进行了详细报道，在社会上引发强烈反响。

2015年9月9日至9月25日，《海峡都市报》刊登十篇系列报道，集中解读林则徐手书《十无益》格言。

2015年10月31日至11月7日，由福州市文化广电新闻出版局主办，福州市林则徐纪念馆、澳门林则徐纪念馆承办的“林则徐家训——好家风百年传”图片展在澳门林则徐纪念馆展出。

“林则徐家训——好家风百年传”图片展在澳门林则徐纪念馆展出

2015年11月10日，福州市林则徐纪念馆走进乌山小学，举办《林则徐家训代代传》专题讲座，700余名师生参加活动。

2016年，福州市林则徐纪念馆被中共福州市委组织部确定为特色党性教育实践基地优秀传统文化教学示范点，以“新时代好干部的历史典范——从领导力角度看民族英雄林则徐”为主要教学内容，以“六个一”的标准打造教育内容。其中，“聆听一个感人肺腑的历史故事环节”，选取《林则徐家书教子》故事；“诵读一段最具代表的文献史料”环节，展现林则徐的传世家训《十无益》格言。

群众诵读《十无益》格言

2016 年 1 月 30 日，由中共北京市委宣传部、首都文明办、北京市妇联主办，中华世纪坛艺术馆、中国人民大学博物馆、福州市林则徐纪念馆承办的“和合家风”文化主题

“林则徐家风展”在北京中华世纪坛展出

展开幕暨2016寻找“首都最美家庭”活动在北京中华世纪坛艺术馆世纪大厅启动。林则徐家风首次亮相北京，展览围绕“闽林始祖林禄至林则徐世系”“秉承家风百年传”“林则徐后裔和各界群众缅怀林公”等主题展开，着重体现林家淡泊、仁爱、勤奋、自立的家风。

2016年4月3日，林氏后裔代表（第五代至第九代）在福州市林则徐纪念馆树德堂开展祭拜活动。

2016年4月21日，应中央电视台综合频道《我有传家宝》栏目组邀请，福州市林则徐纪念馆组织林则徐后裔及研究专家赴京录制林则徐家风家训专题节目。

2016年4月21日至5月20日，由福州市文化广电新闻出版局主办，福州市林则徐纪念馆承办，林则徐基金会协

中央电视台综合频道《我有传家宝》栏目录制现场

“回望林则徐：卅载为官，进退一身关社稷”大型系列专题报道在福州新闻网正式上线

办的“清廉自律，慎守儒风——林则徐家风展”在福州市林则徐纪念馆正式拉开帷幕。展览全面展现林则徐承前启后的家教家训，着重表现林则徐清廉严谨的优良家风。

2016 年 4 月至 12 月，由福州市文化广电新闻出版局主办、福州市林则徐纪念馆承办、福州新闻网协办的“回望林则徐：卅载为官，进退一身关社稷”大型系列专题报道正式上线，分为“林公家训，百年传承”“林公风范，勤政爱民”“林公伟绩，凌厉禁烟”“林公精神，清正廉洁”“林公‘新学’观”“林公经典诗文联”六个子专题，其中子专题之“林公家训，百年传承”，设置“渊源篇”“家训篇”“传承篇”“林则徐家风展”“名人家风家训”等版块，全面介绍林家家风家训的缘起、发展和传承。

2016 年 4 月 30 日，福建省文物保护中心主任、福州市林则徐纪念馆原馆长林峰在福州市林则徐纪念馆第 46 期“左海讲坛”开“林则徐家风家训解读”专题讲座。

2016 年 5 月 7 日，中央电视台综合频道《我有传家宝》栏目播出林则徐家风家训专题，展示青花油灯、林家家训《十无益》、林则徐书法、《先妣事略》手稿，结合林公第七代孙女林记和林则徐纪念馆学术顾问茅林立对传家宝的介绍，展现林则徐家风。

2016 年 5 月 7 日，福州日报、福州晚报以专版形式，分别刊登《清廉自律，慎守儒风——写在市林则徐纪念馆“林则徐家风展”展出之时》《林则徐的家风故事》。

2016 年 5 月 25 日，福州市林则徐纪念馆走进台江区宁化幼儿园，开展“‘大手牵小手，家风家训我来传’——林则徐家风家训进校园”公共文化服务校园行系列主题活动。

2016 年 6 月 3 日，由福州市文化广电新闻出版局、连江县人民政府主办，福州市林则徐纪念馆、连江县科技文体局承办，林则徐基金会协办，连江县文化馆、连江县博物馆具体执行的“清廉自律，慎守儒风——林则徐家风展”全市巡展在连江县博物馆开幕，开启在福州各县（市）展出活动。

2016 年 6 月 16 日，福州市文化广电新闻出版局机关党委组织马尾区文化体育局、福州市林则徐纪念馆等基层单位

8 2016年5月7日 星期六 专题

福州日报

"一灯在壁"之瓷灯。

为贯彻落实习近平总书记"注重家庭、注重家教、注重家风"的指示精神，大力弘扬中华优秀家风家训传统文化，近日，由福州市文化广电新闻出版局主办、福州市林则徐纪念馆承办、林则徐基金会协办的"清廉自律 慎守儒风——林则徐家风展"在福州市林则徐纪念馆拉开帷幕，展览将持续至本月20日，免费对外开放。

此次展览以生动、翔实的图文资料，围绕"名言墙——美德家训世代传""林则徐家风——淡泊、仁爱、勤奋""秉承家风百年传""林则徐后裔和各界群众缅怀林公"等主题展开，全面展现了林则徐承前启后的家教家训，着重表现林则徐清廉严谨的优良家风。中央电视台《我有传家宝》栏目也于近日特邀福州市林则徐纪念馆组织林则徐后裔和研究专家赴京，录制林则徐家风的专题节目，该节目7日18:00在中央电视台综合频道首播，8日13:30、9日22:35重播。

记者 吴晖/文 黄立新/摄

福州市创建国家公共文化服务体系示范区

林则徐纪念馆讲解员为游客讲述林则徐家风。

清廉 自律 慎守儒风

——写在市林则徐纪念馆"林则徐家风展"展出之时

秉承淡泊、仁爱、勤奋的家风

中国是礼仪之邦，5000年的文化传承至今，深深铭刻在中国人的心中。中国古话说得好："无规矩不成方圆。"……

……林则徐认为治家教子不仅是个人的私事，更与国家和人民利弊相关。1839年林则徐作为钦差大臣抵达广州后，在……

"十无益"传百年

"存心不善，风水无益。不孝父母，奉神无益。兄弟不和，交友无益。行止不端，读书无益。心高气傲，博学无益。作事乖张，聪明无益。不惜元气，服药无益。时运不济，妄求无益。妄取人财，布施无益。淫恶肆欲，阴骘无益。"这是170多年前林则徐手书的"十无益"格言。……

弘扬林则徐家风

林则徐家风展采用讲故事、举事例、引名言的生动方式，让广大观众……独特的家风内涵，从中汲取力量，培养良好家风。自开展以来，参观者络绎不绝。

……2016年1月30日，该展览又走进北京中华世纪坛，参加北京市委宣传部、首都文明办等部门举办的"和合家风"文化主题展，与会嘉宾及观众们对展览给予了高度的评价。

……"清廉自律 慎守儒风——林则徐家风展"20日在福州市林则徐纪念馆左南厅展出之后，还将在我市各县（市）巡回展览，面向公众免费开放。

苟日新，日日新，又日新！人生的意义就在于不断去探索，去创造新的业绩。

林则徐第五代孙凌青写给侄女林祝光的书法作品。

敬能慑心，勤无废事，恕以成德，俭可助廉。

林则徐后裔林樟德书录先祖林公的传世名言。

做官不易，做大官更不易。人以吾奉命使粤，方纷纷庆贺，然实则地位益高，生命益危。古人一命而伛，再命而偻，三命而俯，诚非故作矜持，实出于不自觉耳。务须次儿须千万谨慎，切勿恃有乃父之势，与官府妄相来往，更不可干预地方事务。

林则徐后裔郑林擒录先祖林公写给夫人的信。

林则徐撰书产阁书。

外国游客参观林则徐家风展。

来到马尾区罗星中心小学开展“两学一做”学习教育系列活动。系列活动中，福州市林则徐纪念馆讲解员为同学们上了一堂别开生面的“林则徐家训代代传”讲座。

2016 年 7 月 1 日，由福州市文化广电新闻出版局、中共闽清县纪律检查委员会、闽清县监察局主办，福州市林则徐纪念馆、闽清县科技文体局承办，林则徐基金会协办，闽清县博物馆、闽清县文化馆执行承办的“清廉自律，慎守儒风——林则徐家风展”在闽清县博物馆开幕。

2016 年 9 月 19 日，安徽卫视大型姓氏文化寻根节目《百家姓》播出林姓专场，林则徐第七代孙林山先生携林则徐“十无益”家训碑拓和林则徐传家宝亮相节目，与观众们分享民族英雄林则徐的故事，展示林则徐的经典家训和优良家风。

2016 年 10 月，福州市人民政府《关于表彰福州市第三

安徽卫视《百家姓》栏目播出林姓专场

届茉莉花文艺奖获奖作品的决定》（榕政〔2016〕14号）公布，由福州市林则徐纪念馆创作并报送的作品《志存高远，慎守儒风——林则徐家风家训励后人》专题片荣获三等奖。

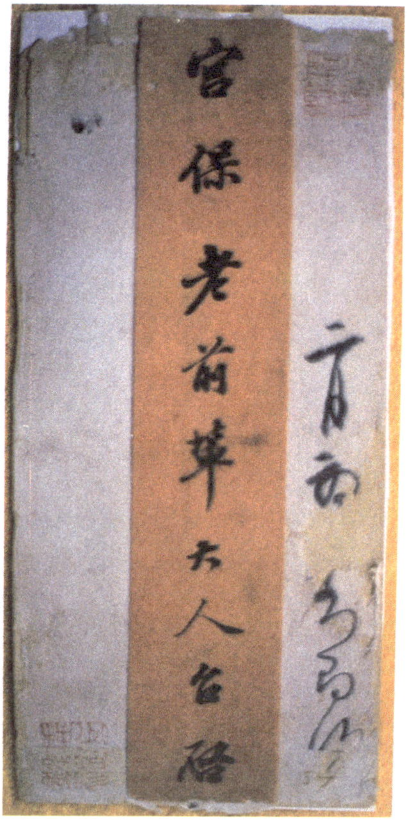
林则徐致陶澍信

2016年11月7日，由福州市林则徐纪念馆组织策划的“清廉自律，慎守儒风——林则徐家风展”巡回展在连江县实验小学举行启动仪式。连江县科教文体部门及实验小学的2000余名观众参观了首站展览。之后，该展览陆续在连江各中小学校展出。

2016年11月15日至12月30日，由福州市文化广电新闻出版局主办，福州市林则徐纪念馆承办，长乐市博物馆、林则徐基金会协办的“清廉自律，慎守儒风——林则徐家风展”在长乐市博物馆展出。

2016年12月13日，福州大学传统文化原创话剧《清风徐来》研讨会暨文化顾问聘任仪式在福大福友阁举行。晚间，原创话剧《清风徐来》在福大图书馆博学厅举行首演。

观演前，参加研讨会的专家学者参观了陈列在博学厅外的《清廉自律，慎守儒风——林则徐家风展》。

2016 年 12 月 16 日，鼓楼区一批“文明五好家庭”和“最美家庭”齐聚福州市林则徐纪念馆，开展“传承优秀家风，创建文明家庭”活动，感受林则徐勤廉家风。《中国纪检监察报》、中共福建省纪委、监察厅网站和《福州日报》等专门刊发图文消息予以报道。

2017 年 1 月 3 日至 3 月 31 日，“清廉自律，慎守儒风——林则徐家风展”在福州台江区博物馆展出。

2017 年 1 月 5 日至 1 月 31 日，由福州市文化广电新闻出版局主办，福州市林则徐纪念馆、闽侯县科技文化体育局承办，闽侯县文化馆、闽侯县图书馆协办的“清廉自律，慎守儒风——林则徐家风展”，在闽侯县文化馆展出。

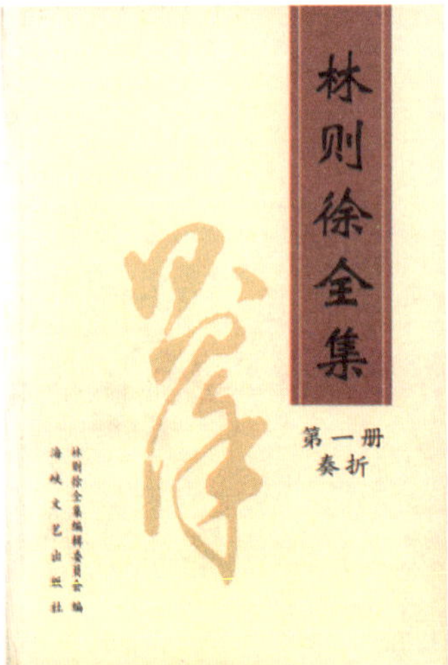

《林则徐全集》

2017 年 1 月 17 日，由福州市纪委主办、福州市文化广电新闻出版局承办、福州市园林局协办的“茉莉气韵——2017 年迎新春廉政文化进机关”活动在东部办公区成功举办。福州市林则徐纪念馆组织策划的“清廉自律，慎守儒风——林则徐家风展”首次走进东部办公区。

2017 年 2 月 5 日，由福州市

“缅怀先祖，重温家训”春节祭祖

林则徐纪念馆组织策划的“缅怀先祖，重温家训”春节祭祖活动在林则徐纪念馆举行。来自海内外的数十位林则徐后裔齐聚树德堂祭祀先祖，重温家训。

2017 年 2 月 25 日至 3 月 5 日，“三坊七巷名人家风家训书法扇面展”在林则徐纪念馆左海厅展出。展览特别展示了 10 件林则徐家训题材作品，既有林则徐“苟利国家生死以，岂因祸福避趋之”等著名古诗对联，也有百年传世经典家训《十无益》格言，更有林则徐父亲林宾日教导子女的七言对联。展览表现了林则徐淡泊、仁爱、勤勉、清廉的优良家风。

2017 年 3 月 20 日，《中国纪检监察》杂志第 6 期发表《苟利国家生死以，岂因祸福避趋之——林则徐及其后人的家风故事》一文，专门介绍林则徐及其后人的家风故事。

2017 年 3 月 25 至 3 月 26 日，由福建省文物局主办、福建博物院承办的 2017“福建省博物馆优秀讲解案例推介活动”暨 2017“中国故事——全国博物馆优秀讲解案例展示推介活动”选拔赛在福建博物院学术报告厅举行，全省 27 家博物馆（纪念馆）选送的 61 名选手参赛。由福州市林则徐纪念馆选送的讲解员齐倩倩同志荣获专业组二等奖，参赛主题是《析产阄书》显家风；则徐中学赵璇孜同学荣获学生组二等奖，参赛主题是“从一盏青花油灯看林则徐清廉勤俭家风”。

2017 年 3 月，中央纪委监察部网络中心组织编写的《中国家规》一书出版发行，以“苟利国家生死以，岂因祸福避趋之”为主题的林则徐家规成功入选，成为福建省入选的 4 个家规之一。

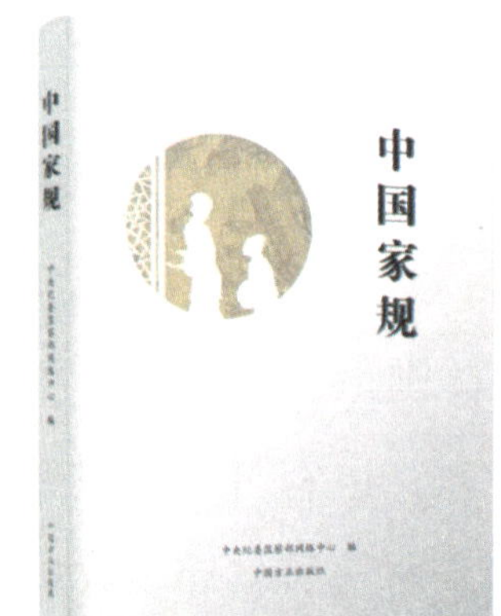

2017 年 4 月 8 日，福州市林则徐纪念馆组织林则徐后裔、大中小学学生代表举办“我们的节日·清明——缅怀先贤，不忘初心”主题活动。林则徐第五代孙女林应华、第六代后裔林强、第六代孙女林祝光等第五代到第八代共六十余位林公后裔齐聚树德堂，其中林应华夫妇携子女四人专程从北京回来

祭拜。

2017 年 4 月 12 日至 4 月 28 日，由福州市文化广电新闻出版局、龙岩市文化广电新闻出版局主办，福州市林则徐纪念馆、龙岩市博物馆承办，林则徐基金会协办的“清廉自律，慎守儒风——林则徐家风展”在龙岩市博物馆展出。

2017 年 5 月 10 日至 5 月 30 日，由武平县文体广电新闻出版局、福州市林则徐纪念馆主办，武平县博物馆承办，林则徐基金会协办的“清廉自律，慎守儒风——林则徐家风展”在龙岩市武平县博物馆展出。

2017 年 5 月 22 日至 8 月 22 日，由全国妇联主办，中国妇女儿童博物馆、全国妇联家庭和儿童工作部承办，林则徐纪念馆、孔庙和国子监博物馆等全国九家文化单位共同协办的“家和万事兴——家教家风主题展”，在中国妇女儿童博物馆一层阳光大厅展出。福州市林则徐纪念馆圆满完成了

“家和万事兴——家教家风主题展”在中国妇女儿童博物馆展出

“家范传世”篇第九个主题“林则徐：苟利国家生死以，岂因祸福避趋之”的布展任务，展出林则徐手迹《十无益》拓片、《先妣事略》《析产阄书》《先考行状》及林则徐使用过的印章等多件实物，展现林则徐爱国、清廉、勤勉的优良家风。

2017年6月9日至7月9日，由中共龙岩市永定区委宣传部、福州市林则徐纪念馆主办，福建土楼博物馆、永定区博物馆承办，林则徐基金会协办的“清廉自律，慎守儒风——林则徐家风展”在龙岩市永定区博物馆展出。

2017年8月9日至9月9日，由中共伊犁哈萨克自治州纪律检查委员会机关、中共伊犁哈萨克自治州委员会宣传部、中共伊犁哈萨克自治州直属机关工作委员会、伊犁州文化体育广播影视局、福州市文化广电新闻出版局主办，伊犁哈萨克自治州文物局、福州市林则徐纪念馆、伊犁哈萨克自

林则徐家风展在伊犁哈萨克自治州博物馆展出

林则徐家风展在陈云纪念馆展出

治州博物馆、伊犁林则徐纪念馆承办，林则徐基金会协办的“清廉自律，慎守儒风——林则徐家风展”在伊犁哈萨克自治州博物馆展出。同时，配合展览的开展，福州市林则徐纪念馆特邀中共福建省委党校林怡教授举办《林则徐家风与党性修养》专题讲座；当天下午，公众服务部主任钟田田在伊犁州博物馆举办交流讲座，与伊犁州文博系统讲解员们交流分享两馆开展工作方面的经验，共同探讨传统文化和林公精神的延续与传承。

2017 年 9 月 6 日至 10 月 6 日，由陈云纪念馆、福州市文化广电新闻出版局主办，福州市林则徐纪念馆承办，林则徐基金会协办的“清廉自律，慎守儒风——林则徐家风展”在陈云纪念馆展出。

2017年9月9日至9月10日，由中共福建省纪律检查委员会、福建省社会主义学院联合主办的“家规家训与齐家治国”研讨会在福州举行，福州市林则徐纪念馆学术研究部主任吴晓玲在大会上交流《勤勉承家风，为政若真书——林则徐家风传承与为官之道》论文。

2017年9月28日至10月27日，由福州市林则徐纪念馆主办，宁化县革命纪念馆承办，林则徐基金会协办的“清廉自律，慎守儒风——林则徐家风展”在宁化县革命纪念馆展出。

2017年10月25日，央视《我有传家宝》栏目组走进福州市林则徐纪念馆录制专题节目。福州市林则徐纪念馆陈列藏品部主任林溁，林则徐后裔、沈葆桢后裔、刘齐衔后裔等近20位“传家宝”主人齐聚树德堂，接受节目组的访谈。现场重点展示了国家一级文物——鸦片战争时期炮台火药缸，青

《我有传家宝》栏目组在福州录制专题节目

花瓷油灯、《十无益》格言拓片、《析产阄书》、“素炒豆腐”故事，林则徐、沈葆桢对联等，讲述“传家宝”背后的生动故事。

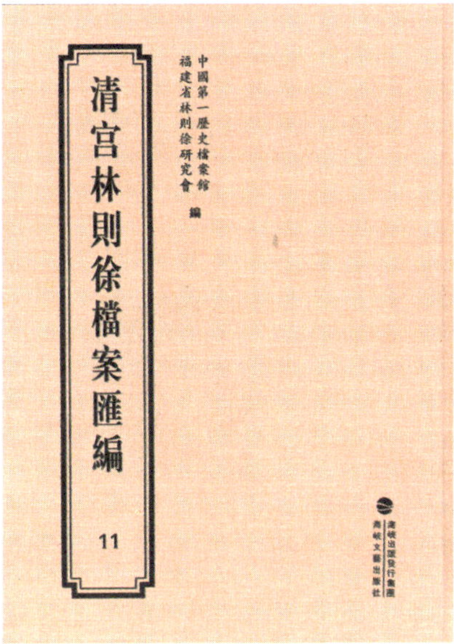

《清宫林则徐档案汇编》

2017年11月7日，《福州日报》发表《发挥历史文化底蕴深厚优势，我市家风培育打“名人牌”》一文，突出介绍林则徐家风，凸显名人家风对民众的教化、促进作用。

2017年11月15日至12月14日，由福州市文化广电新闻出版局、尤溪县文体广电出版局主办，福州市林则徐纪念馆、尤溪县博物馆承办，林则徐基金会协办的“清廉自律，慎守儒风——林则徐家风展”在尤溪县博物馆展出。

2017年11月20日，央视一套《我有传家宝》栏目播出专题节目《三坊七巷故园情》，该节目第一站即为福州市林则徐纪念馆，介绍了林则徐“传家宝”背后的生动故事，展现林则徐优良家风。

2017年12月5日至12月11日，由福州市文化广电新闻出版局主办，福州市林则徐纪念馆、福州市图书馆承办的“清廉自律，慎守儒风——林则徐家风展”作为第一届福州市书香文化周系列活动之一，在新开馆的福州市图书馆二层高

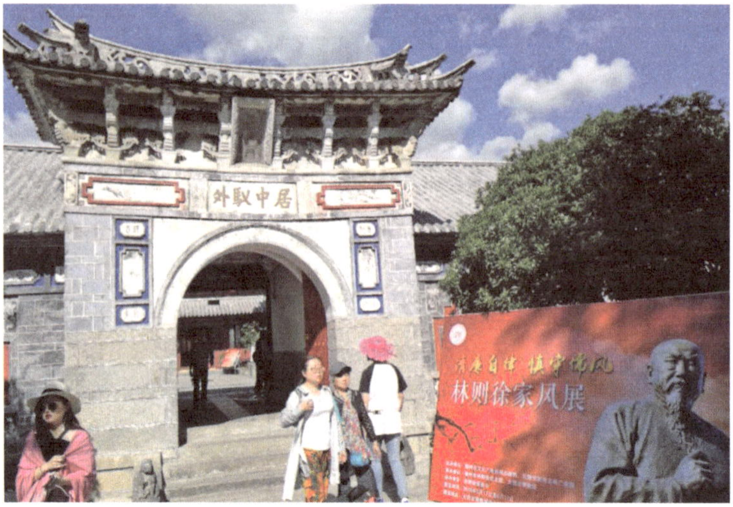

林则徐家风展在大理市博物馆开幕

科技展厅展出。

2018 年 5 月 17 日至 6 月 17 日，由福州市文化广电新闻出版局、大理市旅游文体广电局主办，福州市林则徐纪念馆、大理市博物馆承办，林则徐基金会协办的“清廉自律，慎守儒风——林则徐家风展”在大理市博物馆展出。本次展览共展出 11 件（套）展品，通过 75 块展板、110 多张史料图片，分“言传身教，润物无声”“静以修身，俭以养德”“功崇惟志，业广惟勤”“德厚流光，百年传承”等不同单元，全面介绍父母、师友对林则徐成长过程中的影响，以及林则徐如何以实际行动秉承林家忠孝、仁爱、淡泊、勤俭的家风。

2018 年 5 月 23 日至 6 月 22 日，由福州市文化广电新闻出版局主办，福州市林则徐纪念馆、霞浦县文化体育新闻出版局承办，林则徐基金会协办，霞浦县博物馆执行的“清廉自律，慎守儒风——林则徐家风展”，在霞浦县博物馆展出。

2018年5月24日，由福州市文化广电新闻出版局、定西市文化广播影视新闻出版局主办，福州市林则徐纪念馆、定西市博物馆、定西市图书馆承办的“清廉自律，慎守儒风——林则徐家风展”在定西市图书馆开幕。开幕式上，福州市林则徐纪念馆向定西市博物馆、定西市图书馆赠送《道艺双臻——林则徐与王鼎翰墨选》《林则徐纪念馆馆志》等相关书籍；定西市非物质文化遗产中心向福州市林则徐纪念馆等赠送《定西市非物质文化遗产丛书》《定西剪纸集成》书籍。开幕式结束后，中共定西市委常委、副市长朱自浩，福州市文化广电新闻出版局党组书记、局长孙晓岚，定西市

福州市文化广电新闻出版局局长孙晓岚在林则徐家风展上致辞

文化广播影视新闻出版局党组书记、局长张全有等领导、嘉宾参观“清廉自律，慎守儒风——林则徐家风展”。之后，该展览陆续走进定西市各学校巡展。

2018 年 8 月 1 日，由福州市文化广电新闻出版局、中共晋江市纪律检查委员会、晋江市监察委员会、晋江市文化体育新闻出版局、民盟中央美术院晋江分院主办，福州市林则徐纪念馆、晋江市博物馆承办，林则徐基金会协办的“清廉自律，慎守儒风——林则徐家风展”暨林则徐家风传承专题讲座在晋江市博物馆举行。

2018 年 10 月 31 日至 11 月 1 日，福州市文化广电新闻出版局率福州市林则徐纪念馆、福州市群众艺术馆和福州画院的文化志愿者共赴内蒙古呼和浩特市开展“有福之州，文化共享”——2018 福州市“春雨工程”走进呼和浩特文化交流

福州和呼和浩特文广新局领导共同启动两地系列交流活动

林则徐禁毒文化节在香港开幕

系列活动。由福州市林则徐纪念馆策划的“大讲台”之“清廉自律，慎守儒风——林则徐家风展”作为该系列活动之一，首次走进呼和浩特，向青城群众展现林则徐家风的魅力。

2018 年 12 月 11 日，中央广播电视总台央广对台湾节目中心联合共青团中央宣传部，策划出品融媒体系列报道《中华家风》。该节目第一季共 10 集，第 2 集《灯豆传家》通过讲述林家两件传家宝——青花瓷灯、素炒豆腐背后的故事，感受林则徐传承百年的好家风。

2018 年 12 月 31 日至 2019 年 1 月 6 日，由福州市文化和旅游局、香港警察历史收藏学会（警察军事博物学会）、狮子会禁毒先锋队、香港林氏总商会主办，福州市林则徐纪念馆承办，香港饶宗颐文化馆、中华书局（香港）有限公司、九龙工业学校、官立中学中史学习圈、中华精忠慈善基金会协办，林则徐基金会、林建强禁毒文化基金会、世界林氏文化协会支持的“林则徐禁毒文化节——纪念虎门销烟180周年”专题活动暨“林则徐家风展”在香港饶宗颐文化馆隆重举行，这是林则徐纪念馆首次走进香港开展林则徐系列主题展览。同期，“林则徐与中国禁毒历史学术讲座”在九龙工业学校礼堂举行，特邀中共福建省委党校教授、林则徐研究专家林怡女士结合“林则徐家风展”，带来精彩专题讲座《清廉自律，慎守家风——林则徐家风》，林则徐家风展暨讲座活动以讲故事、举事例、引名言的生动方式，让参加本次活动的三百多位香港各界人士深刻感受林则徐的优良家风，深受好评。

林则徐像（苏州沧浪亭五百名贤像旧拓）

林则徐家风折射出林则徐“苟利国家生死以，岂因祸福避趋之”的爱国思想泉源，林氏一脉相承的“淡泊、仁爱、勤勉”家风，涵养了林则徐“上进、亲民、廉洁”官风，讲林则徐故事，品林则徐家风，传林则徐精神，以林则徐事迹激发民众的爱国热情，以林则徐家风传播中华文化，让良好家风世代相传，永不褪色，正是身处新时代的我们必须为之不懈努力的。

主要参考文献

1. 林则徐全集编辑委员会编《林则徐全集》，海峡文艺出版社，2002 年版。

2. 杨国桢《林则徐大传》（插图版），中国人民大学出版社，2010 年版。

3. 来新夏《林则徐年谱长编》，上海交通大学出版社，2011 年版。

4. 林庆元《林则徐评传》，南京大学出版社，2000 年版。

5. 福州市地方志编纂委员会编（黄启权主编）《三坊七巷志》，海潮摄影艺术出版社，2009 年版。

6. 福州市政协文史资料和学习宣传委员会编（徐心希主编）《闽都书院》，福建美术出版社，2009 年版。

7. 李文郑《林则徐楹联辑注》，中州古籍出版社，1993 年版。

8. 马骏杰《走近林则徐》，中国财政经济出版社，2017 年版。

9. 林则徐后裔联络组编《林则徐世系录》。

后记

“天下之本在国，国之本在家，家之本在身”。修身是齐家的基础，齐家是治国、平天下的前提。家是最小国，国是千万家，家国一体，“正家而天下定矣”。自党的十八大以来，习近平总书记关于家风建设作了多次的重要论述，指出“不论时代发生多大变化，不论生活格局发生多大变化，我们都要重视家庭建设，注重家庭、注重家教、注重家风”。

福州市林则徐纪念馆作为全国爱国主义教育示范基地，既是传播中华优秀传统文化的前沿阵地，又对弘扬伟人精神，引领时代崇德向善精神具有责无旁贷的社会责任。为倡导良好家风、传播优秀文化，福州市林则徐纪念馆于2015年倾心打造了“清廉自律，慎守儒风——林则徐家风展”，将林则徐家风以图文、实物相结合的全新形式加以宣传，一经推出即受到各界人士的关注。为扩大林则徐精神及家风文化的宣传，陈继勇馆长提出希望在日臻成熟的“林则徐家风展”的基础上，以专著的形式将林则徐家风更加全面地展示，进而让更多的人了解伟人成长的足迹，领略伟人精神的内涵，希冀通过弘扬伟人家风，传播中华优秀传统文化，传递正能量。

该书由福州市林则徐纪念馆具体负责林则徐史绩、家风资料及图片信息的收集和整理。为确保林则徐后裔信息准确全面，我们多次与林则徐后裔联络组联系沟通，在此感谢林则徐后裔联络组提供的林则徐后裔第一手资料及给予的大力支持，也感谢福建省林则徐研究会常务副会长茅林立同志对文稿、图片提出了许多宝贵意见和建议。

因本书篇幅所限，入选的林则徐后裔仅至第六代，且入选标准为：获评副教授及以上专业技术职称的，担任过副厅（司局）级及以上职务的，担任过省级及以上人大代表、政协委员的，获得过省（部）级及以上党委、政府颁发的奖项者。由于水平有限，时间仓促，疏漏、错误之处在所难免，敬请专家、读者批评指正，以便今后再版时修订。

编　者

2019 年 2 月

林则徐对联